HÜTERIN DES MONDES

Stéphanie Lafranque
Illustriert von Vic Oh

HÜTERIN DES MONDES

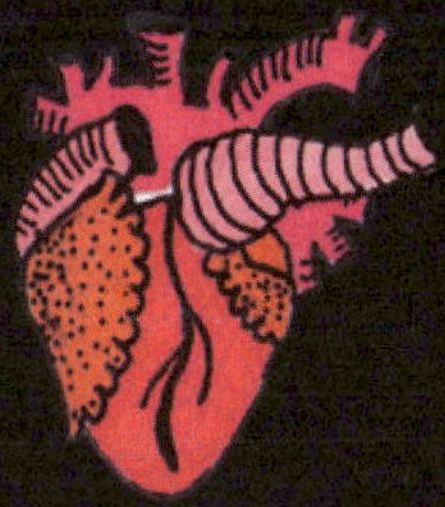

Mit dem Mond-Zyklus
die weibliche Kraft und Intuition stärken

Aus dem Französischen von
Ursula Held

kailash

INHALT

Zu Beginn ... 8
Es war einmal der Mond … ... 11
Die Frau: Ein Mondwesen ... 17
Der Mond aus der Nähe ... 25
Dem Mond verbunden ... 31
Die Magie der Sternzeichen ... 37
Das Vermächtnis des Schwarzen Mondes ... 47

Unsere Reise mit dem Mond ... 58
März ... 66
April ... 76
Mai ... 86
Juni ... 96
Juli ... 108
August ... 118
September ... 130
Oktober ... 140
November ... 150
Dezember ... 160
Januar ... 170
Februar ... 178

Literatur ... 187
Weiterführende Links ... 189
Danksagung ... 190

ZU BEGINN

Ich war ein braves und schüchternes Kind, so habe ich zum Beispiel nie im Matsch getollt. Aber meine Sinne lagen ständig auf der Lauer, als wäre ich ein kleines Tier. Gerüche habe ich aus Kilometern Entfernung wahrgenommen, ich habe alles gehört, ich war neugierig auf neue Geschmäcke, meine Hand tauchte ins Wasser und strich über Blumen und Gräser. Ich träumte. Meine Großmutter, mit der ich viel Zeit verbrachte, lehrte mich wie nebenbei die Pflanzenkunde und den Jahreskreis. Vor allem aber schenkte sie mir ihre besondere Gabe: die Kunst des Träumens. Der Mond war unser Begleiter. Ich war damals ganz bei mir, meine sechs Sinne waren geschärft. Doch die Zeit verging, ich wurde groß und vergaß. Ich legte mein Fell ab, um Kleider zu tragen. Vor zwölf Jahren habe ich mein erstes Kind bekommen, ein Mädchen. Und da, so versunken und eingemummelt in mein Muttersein, hörte ich auf einmal wieder mehr, ich schaute über die Grenzen des Sichtbaren hinweg, spürte die Farben um mich herum, beim Essen schmeckte ich jede flirrende Faser, ich berührte Körper und empfing ihre Energie. Ich begann, mich an meine erste Haut zu erinnern. Und dann tat ich einen Schritt zurück in diese Ursprünglichkeit, indem ich die Pille absetzte und mich auf meinen natürlichen Zyklus besann. Und eines Nachts, schon einige Zeit nach ihrem Tod, kehrte meine Großmutter im Traum zu mir zurück und überbrachte mir eine Nachricht: Sie mahnte mich, dem Ruf des Mondes zu folgen. Ich begriff sofort, welches Geschenk sie für mich hatte: Sie gab mir mein Fell zurück.

Heute bin ich es, die Frauen einlädt, zu ihrer ersten Natur zurückzufinden, indem sie mir durch dieses Buch folgen. Der Mond ist ein urzeitlicher Begleiter, der uns zu uns selbst führt. Die Art, wie unsere Gesellschaften bemüht sind, die Erinnerung an diese lunare Verbundenheit zu vertreiben, offenbart im Grunde nur die Angst vor der Macht der Frau. Doch seit unzählbaren Zeiten leitet der Takt dieses Gestirns unsere Schritte: Seine vier Phasen und zwei Bewegungen sind universell und kosmisch, sie wirken auf Geburt, Werden und Sterben und sorgen für zunehmende und abnehmende Energie.

Ich möchte erreichen, dass wir uns diesem Zyklus anschließen: Wir werden entdecken, dass wir ihn schon immer in uns tragen. Wir gelangen zu einem natürlicheren Leben und werden die, die wir wirklich sind. Wir können uns besser verstehen, besser auf uns hören und unsere ureigene Kraft zurückgewinnen. Die alten Weisheiten und das bewusste Hören auf uns selbst weisen uns den Weg zu wilder Weiblichkeit.

Inmitten dieser chaotischen Welt gibt es eine Kraft, die uns ruft. Der Platz von uns Frauen wird neu definiert: Es geht um das Gleichgewicht in unserer Beziehung zu den Menschen und zur Natur. Wenn wir uns unserem Innersten widmen, widmen wir uns auch der Erde, wir fühlen uns mitten im Universum aufgehoben. Werden wir Hüterinnen des Mondes, wie die Tempelpriesterinnen der Antike. Lernen wir, seine Energien zu deuten: Lesen wir seine Phasen, spüren wir seine Bahnen, nutzen wir die lunaren Archetypen, entdecken wir die Urweisheit magischer Pflanzen, nehmen wir Bräuche in unser Leben auf. Während der beiden großen monatlichen Energieportale zum Neumond und zum Vollmond können wir uns auf die dort wirkenden natürlichen Kräfte stützen und unsere zyklische Natur ausleben. Wie Ebbe und Flut die Meere bewegen, werden auch wir innerlich bewegt. Wenn wir diese Verbundenheit aufdecken, werden wir uns der Vergänglichkeit aller Dinge bewusst und spüren, dass wir einem System angehören, das größer ist als wir selbst.

Eignen wir uns das Wissen der wilden Frauen an, hören wir auf die Schwingungen unseres Erdenleibs. Werden wir die, die wir im tiefsten Innern schon immer waren, werden wir unabhängig, frei und kreativ.

Ich möchte an dieser Stelle zwei Frauen nennen, die mir diesen Weg eröffnet haben. Zuerst einmal ist das die Psychologin Clarissa Pinkola Estès mit ihrem Buch *Die Wolfsfrau: Die Kraft der weiblichen Urinstinkte*, in dem sie den Begriff »Wildheit« in seinem ursprünglichen Sinne als ein natürliches Leben definiert und das Intime mit dem Universellen verbindet. Sie ermutigt uns, unserem Instinkt zu folgen, der doch unser Verständnis der inneren wie der äußeren Welt leitet. Meine zweite Ratgeberin ist die US-amerikanische Ökofeministin Starhawk (eigentlich Miriam Simos), die Frauen motiviert, zu ihrem Wesen und ihrer Intuition zurückzufinden, indem wir auf unsere inneren Regungen hören und begreifen, wie wir jeden Tag aufs Neue die von innen kommende Kraft reaktivieren können. Die lunare Frau ist diese wilde Frau, die sich genauso um ihre eigene innere Ökologie kümmert, wie sie sich um die des Planeten sorgt. In einer Gesellschaft, in der alles schnell geht, in der alles konsumierbar ist, möchten wir zu Weisheit und Unmittelbarkeit zurückkehren. Wir wollen ein volles, verborgenes und zyklisch inspiriertes Leben. Wir wollen uns um unsere Schwestern und um die Welt sorgen und uns von aller Herrschaft freimachen. Lasst uns Königinnen in unserem Reich, Wächterinnen unseres Wohlbefindens und Hüterinnen des Mondes sein.

ES WAR EINMAL DER MOND …

Aufgrund seiner zyklischen Bestimmtheit verändert sich der Mond im Laufe der Nächte. So wie wir ist er immer da und zugleich nie derselbe – so scheint er unser einsames Menschendasein im Kosmos zu spiegeln. Dank seiner stillen Anwesenheit fühlen wir uns weniger verloren. Ich lade jede meiner Leserinnen ein, ihre eigene lunare Geschichte zu entwickeln. Geben wir der Sehnsucht nach, Teil der alten Weisheit zu sein. Der Mond ist doch seit Ewigkeiten unser Begleiter – schon lange bevor das geschriebene Wort davon Zeugnis ablegen konnte, standen die Menschen in Beziehung zu ihm. Jede Kultur hat instinktiv eine Sprache hervorgebracht, um mit ihm zu kommunizieren. In den Tiefen der Höhlen, in antiken Tempeln, in den Wäldern der vorchristlichen Zeit haben wir den Bund mit dem Mond gehalten. Heute leuchtet er immer noch über unseren Köpfen, doch unsere westlichen Gesellschaften haben vergessen, dass er unser Leitgestirn ist. In klaren Nächten wacht er am Himmel und wartet darauf, dass wir erneut Kontakt mit ihm aufnehmen.

○ Primitive Gesellschaften

Stellen wir uns vor, wir stünden barfuß unter dem Nachthimmel: Tierschreie durchbrechen die eisige Stille, wir richten den Blick nach oben, der Mond ist rund und voll, er ist unser einziges Licht. Auf diesen Moment haben wir gewartet … Vielleicht haben die Steinzeitfrauen jeden Monat so dagestanden, vielleicht haben sie ihre Höhle verlassen, um das leuchtende Gestirn zu bewundern. Diese Frauen waren die Ersten, die eine Ahnung von der Gleichzeitigkeit unserer Zyklen hatten: Der Mondzyklus hat 29 Tage und beginnt mit dem Neumond, der Menstruationszyklus dauert durchschnittlich 28 bis 30 Tage. Der Mond war damit der erste Bezugspunkt für eine Zeitmessung. Seine vier Bewegungen entsprechen den Lebensphasen des Menschen – dieser Zusammenhang wird schon auf jungsteinzeitlichen Keramiken dargestellt. In Europa tauchten die ersten Mondkalender in der Altsteinzeit auf: Knochen mit Einkerbungen entsprechend den Mondphasen, wobei der Neumond den Beginn eines neuen Zyklus markierte. Auf diesen Artefakten finden sich auch Hinweise auf Menstruation und Schwangerschaft. Vielleicht ist den Menschen hier zum ersten Mal klar geworden, dass die Frau wie der Mond jeden Monat stirbt und neu geboren wird. Die Epoche von 25 000 – 3000 v. Chr. kannte die Anbetung einer Muttergöttin oder »Großen Mutter« – ein Kult, der in ganz Europa herrschte. Verbildlicht wurde die Muttergöttin auf ganz verschiedene Weise: Auf einer jahrtausendealten Höhlenmalerei bei Pech Merle in Frankreich ist sie als Vogelgöttin zu sehen, sie steht aber auch hinter den M- und V-förmigen Zackenornamenten auf Vasen oder Figuren, die Fruchtbarkeit symbolisierten und das Element Wasser mit der Frau und dem Mond in Verbindung brachten. Die Große Mutter erscheint in der berühmten Venus von Laussel (ein in Kalkstein gemeißeltes Halbrelief aus der Dordogne), aber auch in Skulpturen wie der Venus von Lespugue aus den Pyrenäen, der Venus von Willendorf oder der Venus von Brassempouy. Die Darstellungen zeigen starke Frauen – Schlangenfrauen, Vogelfrauen – mit Attributen, die dem Mondzyklus zugeschrieben werden. Dazu gehören Sichel, Kreis, ein Horn mit Einkerbungen für die dreizehn Monde und Vulva-Zeichen. Diese Symbole des Lebens priesen Fruchtbarkeit, Magie und Tod.

○ Kosmogonien

In vorchristlicher Zeit war die Anbetung des Mondes in griechischen, römischen, mesopotamischen und anderen Kulturen weit verbreitet. Der Himmelskörper wurde als Gottheit dargestellt, wobei ihm die Entstehungsmythen sowohl weibliche als auch männliche Züge gaben. Der Mond stand für eine Urgewalt, er war schöpferische Kraft und Ursprung für die Entstehung von Sonne und Universum.

Mit der Verbreitung des Schrifttums ab 3000 v. Chr., als das Matriarchat durch das Patriarchat verdrängt wurde, galt die Verehrung immer mehr der Sonne. Trotz dieses radikalen Wandels wurde die enge Verbindung des Mondes zur inneren weiblichen Kraft bewahrt, der Mond büßte nie gänzlich an spirituellem Einfluss ein.

Die Mythen der Inuit, Ägypter, Sumerer, Azteken und Kelten zeugen von der Anbetung von Sonne *und* Mond, die oft als Paar und manchmal im Bund mit der Erde als Triade dargestellt werden. Dabei ist der Mond oft mit einem Makel behaftet, der ihn weniger hell leuchten lässt als seine Gefährtin, die Sonne. Aus Scham und dem Bedürfnis, sich verstecken zu müssen, kann er sich nur bei Nacht zeigen. Es ist doch bemerkenswert, dass der Mond als das Gestirn, das in Verbindung mit der Frau und ihrem Zyklus steht, seit dem Aufstieg patriarchaler Gesellschaften mit einem Mangel, einem Fehler oder einer Schuld assoziiert wird. In der sumerischen Kosmogonie, die zu einer der ältesten der Menschheitsgeschichte gehört, wird die Erde, die einst eine Einheit bildete, durch den Wind in zwei Ebenen zerteilt. Oben ist der männlich dominierte Himmel, unten die weiblich geprägte Erde. Der Windgott Enlil zeugte den Mond als männliche Gottheit namens Sin oder Nanna, der wiederum das Licht in die Welt brachte, indem er die Sonne und die Venus zeugte. Der Mond gehörte damit zu den herausragenden Gottheiten, er war Wohltäter der Menschen und stand für Schutz und Fruchtbarkeit, für Licht inmitten der Dunkelheit.

Im Anschluss tauchten zahlreiche Mondgöttinnen nach dem Vorbild von Hekate, Selene, Artemis und Ischtar auf. Als Priesterinnen des Mondkults waren diese Frauen »jungfräulich«, also frei von jeder ehelichen Verpflichtung – in Feuer und Wasser einschließenden Nacktritualen beteten sie ihr Leitgestirn an.

○ Schamanen

Seit der Nacht der Nächte gibt es eine Reihe von schamanischen Praktiken, die den Menschen eng mit dem Kosmos, den natürlichen Zyklen und damit dem Mond verbinden. Sie wurden von Kulturen geprägt, die spirituelle Riten und Techniken mit den Urmythen ihrer Völker verbanden. Die Kraft des Schamanismus besteht darin, zwei Welten zu vereinen: auf der einen Seite die physische Welt, in der wir uns bewegen und handeln, auf der anderen Seite die uns umgebenden subtilen Universen. Alle Zivilisationen haben diesen Zusammenhang an dem einen oder anderen Punkt bezeugt, manche haben ihn als Grundlage für ihr Miteinander aufgegriffen, andere haben ihn durch religiöse, dogmatischere Handlungen ersetzt. Von den sibirischen Wäldern, aus denen der Schamanismus stammt, bis hin zu den entlegensten afrikanischen oder amerikanischen Gegenden eröffnet der Schamane nach wie vor den Zugang zum Nicht-Sichtbaren, er bildet den Kanal zwischen terrestrischen und kosmischen Kräften. Durch seine spirituellen Reisen und Trancen heilt er Seelen und Körper. In der westlichen Welt finden wir diese spirituelle Verbindung mit der Natur in Gestalt von Druiden und Druidinnen, die einen festen Platz in keltischen Kulturen haben.

Seit der archaischen Zeit hat der Schamanismus verschiedene Färbungen angenommen. Doch es bleiben gemeinsame Elemente wie etwa der Weltenbaum oder Urberg, der eine Verbindung zwischen oberer und unterer Welt herstellt. Hier spielt die Stellung der Sterne und Planeten – vor allem die des Großen Bären und natürlich die des Mondes – eine große Rolle. Die *axis mundi* oder Weltenachse ist ein universelles Konzept, das die Energieflüsse des Mondzyklus, also die Zunahme und Abnahme der Kräfte zwischen Vollmond und Neumond, aufnimmt. Besonders sibirische Darstellungen des Weltenbaums weisen eine Mondsymbolik auf, da der Baum wie der Mond für Fruchtbarkeit, Erleuchtung und den Kreislauf von Leben und Tod steht. In Assyrien ist ein mit einem Halbmond geschmückter Baumstamm ein Erkennungsmerkmal für den Mondgott. Mit dem Weltenbaum werden also Mondkulte und Allegorien der Mondgötter wiederaufgenommen.

Der runde Mond ist außerdem im indianischen Medizinrad präsent, das als Grundlage für schamanische Praktiken dient und sich über den Mondzyklus gelegt hat. Das Rad ist kreisrund wie der Vollmond, es ist in Phasen aufgeteilt und nimmt die vier Himmelsrichtungen auf: Norden für Neumond, Süden für Vollmond, Westen für das letzte Viertel und Osten für das erste Viertel. Es stellt die vier Elemente, die vier Lebensalter, die vier Jahreszeiten und die ewige Wiedergeburt dar – Themen also, die der Mondzyklus bereits enthält.

Die wie ein Herz schlagende Trommel bringt magische Kräfte in Schwingung, die uns den unendlichen Plan nahebringen. Sie ist das Instrument der schamanischen Reisen und Riten. Sie besteht aus Holz, dem Symbol für den Weltenbaum, und das weiße Rund aus gespannter Haut deutet unmissverständlich auf den silbernen Himmelskörper hin. In einigen Gemeinschaften, etwa bei den Samen, sind die Trommeln zudem mit Mond- oder Sonnensymbolen verziert.

Heute hat der Schamanismus auch in die westliche Welt gefunden, und viele Menschen, insbesondere Frauen, beschäftigen sich auf diese Weise mit ihrer zyklischen Prägung und ihrer Verbindung zur Natur. Die amerikanische Weisheitslehrerin und Schamanin Vicki Noble nennt die Regelblutung der Frau eine »schamanische Heilung«, die von Vergangenem befreit. Diese Reinigung ist ein notwendiger Tod, eine Art Häutung, zu der nur die weibliche Periode und der Mondzyklus fähig sind. Wir spüren, dass unserem Blut eine verborgene Dimension eigen ist, die »Monde« rufen eine heilige Verwandlung in uns hervor. In schamanischen Zirkeln, die zu den großen Mondphasen Neumond und Vollmond zusammenkommen, werden auch bei uns Heilungsriten vollzogen. Wenn der Ruf des Mondes in uns klingt, sollten wir ihm folgen. Mithilfe von Ritualen in den entscheidenden Momenten können wir einen ersten Schritt auf den schamanischen Weg tun, wir können unsere Gabe entdecken, in eine spürbare Verbindung mit dem Universum zu treten.

○ Hexen

Hexen – sie standen und stehen für das Wilde, Ungezähmte im Menschen. Doch hat diese Wildheit nichts Dämonisches oder Barbarisches: Sie bedeutet Freiheit, Emanzipation und die Gabe, die Gesetze der Natur zu lesen und zu leben.

Auf den Bildern in unseren Märchenbüchern sticht sie durch ihre Hässlichkeit und Grausamkeit hervor, heute will man sie in wütenden Feministinnen erkennen – in der kollektiven Vorstellung hat die Hexe etwas Beunruhigendes. Man denkt an Frauen, die nachts zu ihren Besen greifen, um gemeinsam unheimliche Rituale zu praktizieren. Hexenzirkel treffen sich bei Vollmond zu lunaren Festtagen, den Esbaten, oder aber zum Hexensabbat, der ein Erbe der Dionysosfeiern ist, bei denen man den gehörnten Gott anbetete, der erst im Mittelalter das Gesicht des Teufels bekam. So ist der Mond ebenso ein Attribut der Hexe wie Kessel, Zauberpflanzen und schwarze Katze.

Doch neben dieser folkloristischen Darstellung rückt natürlich auch die Hexenjagd ins Blickfeld, und wir müssen an das viele Blut denken, das über Jahrhunderte auf europäischem Boden geflossen ist. Der gewaltige Femizid gründete auf dem Hass auf die Frau. Ein überlieferter Hass, der seinen Ursprung in der Genesis hat, in der Eva als Anstifterin der Ursünde alle Frauen zu grundbösen Menschen macht. Entgegen der allgemeinen Annahme ist nicht das Mittelalter der Gipfelpunkt der Verfolgungen – sie traten später auf und nahmen Ende des 15. bis Anfang des 18. Jahrhunderts erschreckende Dimensionen an. Es brauchte eine Gesellschaft, die Grausamkeit tolerierte, die sich einem totalen Antifeminismus verschrieb und sich dabei den Willen zunutze machte, die schwelende Revolte der Armen zu unterdrücken. Man wollte diesen als minderwertig betrachteten Wesen die Macht nehmen. Die Frauen, die man wegen Hexerei anklagte, waren meist ältere Bäuerinnen oder Heilerinnen – vor allem aber waren sie ohne männliche Vormundschaft. Und eben diese Unabhängigkeit war in den Augen der Gesellschaft eine Gefahr, die es zu bekämpfen galt. Man wandte sich gegen die weisen Frauen, die Kenntnisse der Kräuterheilkunde besaßen und auf dem Land oftmals die Einzigen waren, die Beschwerden lindern konnten. Die Wissenschaft strebte danach, die Medizin zu institutionalisieren: Man entriss den Frauen ihre Gabe, um die Heilkunde unter männliche Autorität zu stellen. Man wollte sie auslöschen, ihre Stimmen ersticken und ihre Körper verbrennen. Trotz dieser grausamen Unterdrückung hat die starke orale Kultur der weisen Heilerinnen die Jahrhunderte überdauert.

Um die Anbetung des Sonnengotts und der Mondgöttin haben sich verschiedene Riten herausgebildet, mit denen wir die heidnische Weisheit aufleben lassen können. Der Mond mit seinen Zyklen und Phasen bleibt ein wesentlicher Fixpunkt für den Rhythmus von Ritualen und energetischer Arbeit.

Inzwischen erwächst eine neue Spiritualität um das silberne Gestirn: Die Wicca-Bewegung – gegründet durch Gerald Brousseau Gardner (1884–1964) – strebt Vertrauen in die Elemente, Rückgewinnung weiblicher Macht und politisches Bewusstsein an. Seit Beginn des 20. Jahrhunderts hat sie sich vor allem in angelsächsischen Ländern verbreitet. Die Bewegung hat mehrere Zweige, aber alle berufen sich auf heidnische Traditionen, propagieren eine Rückbesinnung auf die Kräfte der Natur und eine Anbindung an die Elemente. Zudem fordern sie die freie Ausübung ihrer Praktiken. Indem sie sich ihre Macht zurückerobert, macht sich die Frau die Figur der Hexe zu eigen. Sie konstruiert sich nicht in Opposition zum Männlichen, sondern gleicht die beiden Polaritäten in jedem Wesen und jedem Ding aus.

Werden wir uns der Verpflichtung gegenüber uns selbst und unserem Wohlbefinden bewusst, feiern wir den Ritus der Erdverbundenheit. In unserem von der Katastrophe bedrohten Ökosystem spielt die Hexe mehr denn je eine wesentliche Rolle, denn durch ihr tiefes Verständnis der Kreisläufe der Natur hat sie eine enge Bindung an die Große Mutter Erde und den Mond. Sie steht für eine fundamentale Beziehung zur Welt, die auf Respekt und Austausch gründet, sie verkörpert die Idee einer inneren Ökologie.

DIE FRAU ...
EIN MONDWESEN

Jede Frau spricht die Sprache des Mondes. Diese innere Weisheit haben wir nur vergessen. Wenn wir uns auf die höheren Zyklen einlassen, wird uns erst bewusst, in welchen Wellen unser Leben verläuft. Auch wir entwickeln uns in einer zyklischen Dynamik, und unser Wesen, das Wesen der wilden Frau, will in Bewegung sein. Wenn wir diesem Weg folgen, können wir uns dem Rhythmus der jahreszeitlichen Energien anschließen. Wir werden Stern, Kraut, Fluss, wir kennen keinen Stillstand und keine Unveränderlichkeit, da wir der großen kosmischen Bewegung folgen. Die Erweckung beginnt mit dem Schwung der Tagundnachtgleiche im Frühling und nimmt im Laufe des Jahres ganz unterschiedliche Färbungen an. Unser Fell verändert sich, es wird dunkler, ledern und golden, wir widmen uns unserem Inneren und spüren, wie uns eine Tiefenreinigung von Energierückständen befreit. Wir lernen, auf unseren Rhythmus zu hören, indem wir dem eigenen Tempo folgen. Und bald spüren wir, wie sehr uns diese Idee behagt! Lernen wir, auf unsere Bedürfnisse zu hören, folgen wir unserer Intuition und werden wir selbst zu einem Energiekanal. Indem wir auf uns selbst achten, können wir auch besser auf andere achten.

○ Unser weiblicher Zyklus

Unser Menstruationszyklus umfasst etwa 28 Tage und spiegelt die 29,5 Tage zählende Mondsynode, also die Zeit von einem Neumond zum nächsten. Alles, was geboren wird, stirbt irgendwann. Wir Frauen tragen diesen Zyklus jeden Monat in uns, er bestimmt uns in der Abfolge: Regel – postmenstruelle Phase – Eisprung – prämenstruelle Phase – Regel. Wenn wir uns diesen Veränderungen nicht bewusst sind, berauben wir uns eines Werkzeugs der Selbsterkenntnis, wir missachten unsere inneren Bewegungen und können unsere zyklischen Zustände nicht erfassen. Folgen wir den Mondphasen, entdecken wir die Verbindung zu unserem Zyklus. Viele Frauen spüren dies, wenn sie bei Neumond oder Vollmond bluten. Wenn dies nicht der Fall ist, können wir uns dennoch auf den Mond einlassen und werden nach und nach merken, wie wir uns seinen Phasen anschließen – so wie Frauen, die in Gemeinschaft leben, ihre »Monde«, also ihre Regelblutung, aneinander anpassen.

In der indianischen Kultur haben sich Frauen in *moon lodges* versammelt, einem Rückzugsort, an dem sie ihre Menstruation ausleben konnten und von alltäglichen Pflichten befreit waren. Dieser Ort war für sie bestimmt, sie hatten in diesem für die gesamte Gemeinschaft geheiligten Raum eine besondere Rolle. Während ihres freiwilligen Rückzugs traten sie in direkte Verbindung mit dem Mond und ihrem Uterus, sie entwickelten ihre Spiritualität, ihre Intuition und ihre Gabe als Träumerinnen, sie standen mit dem Universum und allen Formen des Lebens – der Erdenmutter, Pflanzen und Tieren – in Kontakt. Die Phase, in der die Frauen ihre Innerlichkeit leben konnten, dauerte vier Tage – entsprechend den vier Jahreszeiten, den vier Himmelsrichtungen, den vier Elementen Wasser, Feuer, Luft und Erde und den vier Mondphasen. Der Rückzug hatte damals heilsamen und wertschätzenden Charakter. Im Laufe der Zeit ging der tiefere Sinn dieses Rituals verloren, die innere Reise wurde zum erzwungenen Exil.

Geben wir dem Menstruationsblut, das heute ein Tabu geworden ist, seine Bedeutung zurück – sodann kann die archaische Angst vor dem Mysterium der Schöpfung und dem Uterus als Ort des sich entwickelnden Lebens das kollektive Unterbewusstsein nicht länger steuern.

Es ist absolut möglich, in diese Bindung zurückzufinden, selbst unter Einnahme der Pille. Es braucht dann nur mehr Zeit, die Frau muss noch besser auf sich hören, denn unter der Pille schläft der Zyklus, und es findet kein Eisprung statt. Bei der Anpassung an die Mondphasen stützen wir uns daher weniger auf unsere Periode als auf unsere Empfindungen. Indem wir uns auf unseren weiblichen Zyklus besinnen, erneuern wir unsere Anbindung an den Rhythmus des Lebens, wir gehen in die Lehre, um wieder die ursprüngliche, wilde Frau zu werden. Es gilt, einen Raum wiederzuerobern, ein versöhnliches Gleichgewicht zu finden und Heilung zu ermöglichen.

○ Die Zyklusphasen

INNERLICHKEIT Dem Neumond entspricht die Periode. Es ist die Phase der Hüterinnen der Nacht, in der die Energien sich abdunkeln und nach innen gehen. Die Entsprechungen in der Natur sind der Winter und das Element Erde. In dieser Zeit sollten wir in uns gehen, unsere Felder brachliegen lassen und ruhen. Heißen wir die Leere und die Dunkelheit willkommen, feiern wir den Stillstand, um unsere Erde anschließend noch fruchtbarer vorzufinden. In diesem besonderen Moment, da wir uns auf unsere inneren Kräfte besinnen, sollten wir entschleunigen und regenerieren. Kosten wir unsere Empfindsamkeit und starke Intuition aus, die sich durch Träume und Visionen äußert.

KRAFT Im ersten Viertel, wenn der Mond zunimmt, wächst auch die weibliche Energie. Es ist die aktive Phase vor der Ovulation, die Hüterin des Morgengrauens tritt hervor und ruft den Frühling und das Element Luft. Wir wachen wieder auf, starke Energien werden geweckt. Ideenreich, unabhängig und dynamisch widmen wir uns kraftvoll unseren Zielen. Es ist der Moment der Entscheidungen und Taten.

STRAHLEN Der Vollmond entspricht der Ovulationsphase und dem Moment, da die weibliche Kraft ganz da ist. Das Mütterliche und damit das Kreative treten hervor. Wir sind nun Hüterinnen des Zenits, dem der Sommer und das Element Feuer angehören. Es ist eine Zeit des Leuchtens, wir stecken voller Kraft, und unsere inneren Energien sind stark genug, damit wir uns nach außen wenden können. Proaktiv strahlen wir eine satte Vitalität und eine brodelnde, intensive Kreativität aus, wir können anderen Liebe, Zärtlichkeit und Verständnis schenken.

INSTINKT Im letzten Viertel, wenn der Mond wieder abnimmt, schlagen wir den Weg in unser Inneres ein, wir folgen dem Ruf unserer Intuition. Es ist die prämenstruelle Phase der Hüterinnen der Dämmerung, sie steht mit dem Herbst und dem Element Wasser in Verbindung. Wir kehren auf unser Fleckchen Erde zurück und lassen uns von unserem Instinkt leiten. Dabei widmen wir uns besonders unserem Körper und unseren Empfindungen, wir beginnen den Abstieg in die Tiefe, wobei aber ein Teil unseres Wesens der Imagination und kreativen Inspiration geöffnet bleibt.

Ich möchte bewusst auch Frauen ansprechen, die ihre Menopause hinter sich haben und keine Regelblutung mehr haben. Ich habe miterlebt, wie schmerzhaft dieser Übergang sein kann und wie wenig er von unserer Gesellschaft begleitet oder angenommen wird. Da fallen Worte wie »Scham«, »Abscheu« und »Tod« – sie sind ein fürchterliches Echo auf etwas, das doch in der Natur der Dinge liegt. Die harten Reaktionen lassen erkennen, wie sehr wir verlernt haben, auf uns zu achten. Wir sind außerstande, das Erhabene in uns zu erkennen, da uns niemand den Weg dorthin weist.

Die Phase der Prämenopause und der Menopause bringt Frauen in Verwirrung. Sie haben das Gefühl, ihre Identität zu verlieren. Wie ist es, eine Frau zu sein, die nicht mehr »empfänglich« ist? Welche Bedeutung messen wir diesem Wandel in unserem Leben bei? Wie sprechen wir darüber? Welche Worte haben wir im Ohr? Oft ist es der Eindruck von Leere, der sich aufdrängt, wir sehen nur Symptome, die es schnellstens zu bekämpfen gilt. So wie man heute noch jungen Frauen nahelegt, mit ihrer Regel so umzugehen, als gäbe es sie gar nicht, so soll auch die Menopause möglichst keine Auswirkungen haben. Ich dagegen wünsche mir, dass wir der neuartigen Kraft, die in dieser Phase in uns entsteht, viel Aufmerksamkeit widmen. Denn unsere Energien wandern in eine andere Dimension des Körpers. Unser persönlicher Zyklus, unsere Sexualität und unsere Lust haben jetzt allen Platz, sich auszubreiten. In bestimmten Kulturen, etwa bei den indigenen Völkern Amerikas, nähern sich Frauen in den Wechseljahren dem Status von Göttinnen an, sie werden »Weisinnen«. Tatsächlich werden wir freier, außerdem verfügen wir über tiefe Kenntnisse des Weiblichen und des Körpers, die wir weitergeben können. Für unsere Schwestern werden wir zu Wegbegleiterinnen und Ratgeberinnen. Unsere Kräfte sind weniger ziellos. Wir nutzen die Mondzyklen voll aus und wissen, wie wir ihnen unseren inneren Rhythmus angleichen. Es geht nun darum, in einer anderen Frequenz auf unseren Körper zu hören. So wechseln wir in eine neue Verbindung, die Verbundenheit aber bleibt genauso stark.

Auch Frauen, deren Gebärmutter entfernt wurde, sollten wissen, dass deren energetische Spur verbleibt. So ist auch hier Energiearbeit möglich – trotz der Schwierigkeiten vieler Frauen, diesen Teil ihres Körpers zu spüren, und trotz des Schmerzes, den die empfundene Leere verursacht. Energetische Techniken wie Reiki, Shiatsu, Kundalini- oder Yin-Yoga können uns auf dem Pfad der Wiederaneignung begleiten.

○ In Verbindung zur Natur

Wer den Gesang der lunaren Energien hört, tritt zugleich in eine tiefe Beziehung zur Erde. Hilfreich auf diesem Weg ist ein enger Kontakt zur Natur. Auch wenn wir nicht alle die Möglichkeit haben, täglich dorthin abzutauchen, sollten vor allem die Stadtbewohnerinnen unter uns darauf achten, die Verbindung nicht erschlaffen zu lassen. Wir sollten wissen, dass die Natur uns dennoch ständig umgibt. Manchmal reicht es schon, uns einem einzelnen Baum oder eine Zimmerpflanze verbunden zu fühlen, es muss nicht immer ein ganzer Wald sein. Akzeptieren wir, dass alle Wesen denselben Wert besitzen und uns gleich viel zu sagen haben.

Beginnen wir also damit, unserer nächsten Umgebung mehr Aufmerksamkeit zu schenken, dem Park, dem Strand, dem Wald – allen Orten, die uns erlauben, uns zu regenerieren und zu erden. Lassen wir unseren Körper und die ihn umgebenden Energien zur Ruhe kommen, empfangen wir die höheren Schwingungen der Natur. Wenn wir in einem stark urbanisierten Milieu leben, müssen wir lernen, uns wieder anzukoppeln, wir müssen aufnahmebereit werden, obgleich wir uns die meiste Zeit vom wohltuenden Einfluss der Natur abgeschnitten fühlen. Wenn man heutzutage wissen will, wie das Wetter wird, schaut man eben nicht mehr aus dem Fenster, sondern auf sein Handy. Schärfen wir lieber wieder unsere Sinne, wecken wir die Wilde in uns, hören wir auf unsere Mondseele und versuchen wir, die Welt mit unserem eigenen Körper zu erspüren.

Nehmen wir uns jeden Tag Zeit, die Natur zu beobachten, sie zu hören (Vögel, Regen, Wind), zu spüren (Kälte, Hitze), zu riechen (Blumen, Bäume), zu fühlen (Stein, Rinde, Gras) und zu schmecken (Schnee, Regen). Und wenn es auch nur fünf Minuten am Tag sind, in denen wir diese Verbindung suchen, unsere Hand zum Beispiel an einen Baum legen oder unsere Pflanzen auf dem Balkon gießen. Tun wir das Naheliegende, Intuitive, aber tun wir es bewusst. Wenn wir die Natur in unserem Leben willkommen heißen, machen wir uns auf den Weg zu einem alten, überlieferten Wissen. Wir lernen die Pflanzenwelt kennen und achten, wir eröffnen uns einen Kommunikationskanal zwischen dem Lebendigen und unserer wilden Natur.

Wer sich auf den Mond einlässt, der verbindet sich auch mit der Erde und dem Himmel. Wir haben tiefe Wurzeln, die uns fest verankern und uns ermöglichen, uns so weit wie möglich in die Höhe zu strecken. Und damit werden wir zur Brücke zwischen dem Oben und dem Unten.

DER MOND AUS DER NÄHE

Um den Mond zu enträtseln, müssen wir mehr über ihn erfahren: Wir sollten seine Zyklen kennen und wissen, was seine poetischen Namen evozieren, welche Farben er annimmt und welche Energien in seinen verschiedenen Phasen freiwerden. Diese Begriffe machen uns mit dem so fernen und uns doch so nahen Gestirn bekannt, er wird so zu unserem Verbündeten. Der Kosmos ist das Theater, in dem sich der Mond entfaltet, der Himmel die Bühne, auf der er uns seine Bewegungen zeigt. Ich möchte im Folgenden dazu einladen, seine Ephemeriden, also seine Positionen am Himmel, kennenzulernen, um uns daraufhin selbst in den großen Mondtanz einzureihen.

○ Neumond: 1.–7. Tag

Der Neumond markiert den Beginn eines neuen Zyklus. Er erscheint nicht mehr am Himmel, wir nehmen ihn als verdunkelte Scheibe wahr, seine sichtbare Seite liegt im Schatten. Nun ist die Nacht am schwärzesten.

SEINE ENERGIEN Wir möchten nackt tanzen, die Hüterin der Nacht (siehe S. 20) lädt uns zu Meditationen, Wahrsagungen und vorausschauenden Träumen ein. Die Energien sind wie ein weißes Blatt Papier, wir können bei null anfangen und uns neu erfinden. Klären wir unsere Absichten, reinigen wir uns energetisch, räumen wir unser Leben auf. Jetzt haben wir Gelegenheit, uns von allem zu befreien, das nicht mehr zu uns passt.

Dieser Moment der Wiedergeburt ist ideal, um Projekte zu entwickeln, sie niederzuschreiben und vorzubereiten, bevor es ans Handeln geht. Ab jetzt nimmt die Energie bis zum Vollmond stetig zu.

○ Erstes Viertel: 8.–14. Tag

Wir befinden uns in der zunehmenden Phase. Ab dem Neumond nimmt die leuchtende Oberfläche des Mondes zu. Im ersten Viertel wächst der Mond zum Halbmond an, er ist dann in zwei perfekte Hälften geteilt, in eine dunkle und eine beschienene Seite. Die leuchtende Seite liegt rechts. Kleine Merkhilfe: Wenn man sich den altdeutschen Schreib-

schriftbuchstaben **z** (für **z**unehmend) mit seinem durchgezogenen Unterbogen vorstellt, zeigt dieser nach rechts.
SEINE ENERGIEN Es ist die Phase des Neubeginns, der Hüterin des Morgengrauens, der Stammestänze und der intensiven Rhythmen. Wir ziehen positive Gedanken an, begeben uns in eine Periode der Fülle, die dem Tun gewidmet ist, dem Angehen von Projekten und dem Aufblühen von Beziehungen: Wir öffnen uns anderen und der Welt. Der Drang zur Teilhabe und Zusammenarbeit ist stark. Kreativität und Fantasie erreichen ihren Höhepunkt. Nutzen wir diese Energien, um Vorhaben und Wünsche zu entwickeln. Festigen, verbessern, erweitern, befruchten wir unser Tun. Jetzt ist der ideale Zeitpunkt, unseren Körper zum Verbündeten zu machen, unsere physischen Möglichkeiten und unsere Ausdauer auszubauen. Das erste Viertel ist bei Weitem das geeignetste, um unsere Heilung in Angriff zu nehmen und ein Leben in Fülle anzustreben.

○ Vollmond: 15.–22. Tag

Der Mond hat nun seine volle Ausbreitung erlangt; sein Leuchten, seine Kraft und sein Einfluss stehen am Höhepunkt. Er lässt unsere Pläne fruchten und begünstigt spirituelle Bande. Seine sehr präsente Energie ist drei Tage vor dem Vollmond und zwei Tage danach deutlich zu spüren. Der Vollmond hat einen besonderen und kraftvollen Einfluss, er wirkt wie eine Pumpe, die alte Energien ausströmen lässt, um uns mit neuen Energien zu füllen. Wer dafür empfänglich ist, kann bei bestimmten Vollmonden ein Unwohlsein spüren. Um unter diesen Einflüssen nicht zu leiden, ist es von Interesse, diese Momente vorauszusehen und zu nutzen.
SEINE ENERGIEN Während des Vollmonds huldigen wir den Geistern und den Energien. Es ist die Zeit der Hüterin des Zenits, unsere Kraft ist auf dem Gipfel angelangt, wir begehen Rituale der Dankbarkeit und Verbundenheit. Das Mondlicht können wir nutzen, um die Objekte unseres spirituellen Handelns aufzuladen: Steine, Kristalle und Wahrsagehilfen gewinnen im Vollmondschein an Kraft. Es ist die Zeit des Sternentanzes, der unseren Wunsch ausdrückt, dem Mond zu huldigen, indem wir die Kräfte des Moments über das Hier und Jetzt hinaus zu nutzen wissen.
Auch Träume gewinnen in dieser Phase an Bedeutung, unsere Nächte sind fruchtbar. Körper wie Geist erleben innere Fluten, die den Organismus bestürmen und unterbrochene, unruhige und schlaflose Nächte verursachen. Profitieren wir von diesen Kräften und lassen wir uns auf die tiefe Verbindung zu unserem spirituellen Kern ein.

○ Letztes Viertel: 23.–29. Tag

Am dritten Tag nach dem Vollmond treten wir in die abnehmende Phase ein. Die leuchtende Oberfläche des Himmelskörpers verringert sich. Wieder ist der Mond zweigeteilt, in eine helle und eine dunkle Seite. Jetzt lautet die Merkhilfe: Der Bogen vom kleinen **a** (für **a**bnehmend) geht nach links – wenn die runde Seite des Mondes nach links zeigt, befinden wir uns also im letzten Viertel.

SEINE ENERGIEN Wir befinden uns nun in einer Phase, in der die Energien ganz unten sind, alles steht im Zeichen der Hüterin der Dämmerung, unser Tanz wird instinktiv, unsere intuitive, animalische Seite gibt die Choreografie vor. Lassen wir diese Bewegung in uns zu, lassen wir unser Handeln davon leiten. Wir spüren nun immer mehr das Bedürfnis, uns in unser Inneres zurückzuziehen, wir sind weniger geneigt zum Austausch und schauen verstärkt in uns. Dieser Rückzugswunsch nimmt bis zum Neumond stetig zu.

In dieser Phase werden die Dinge sortiert, heilige Räume werden gereinigt, Situationen geklärt. Wir können diese Kräfte aufnehmen, um uns von negativen Einflüssen, Belastungen und Blockaden zu befreien. Vertrauen wir auf unseren Instinkt und lassen wir hinter uns, was uns stört und behindert: Beziehungen, Denkmuster, Gewohnheiten, eingefahrene Verhaltensweisen ... Wir können bewusst eine Wahl treffen und verwerfen, was nicht mehr zu uns passt. Wir schließen ausgewählte Lebenskapitel, um einen neuen Zyklus zu beginnen.

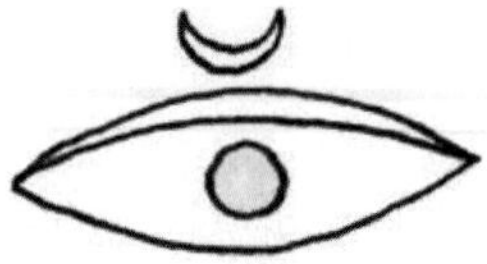

○ Mondterminologie

Der Mond nimmt je nach seiner Position, seiner »Farbe«, verschiedene Merkmale an, die eine genaue Terminologie ausdrückt. Es ist wichtig, diese Begriffe zu kennen, denn sie verdeutlichen zugleich seine Einflüsse.

STEIGENDER UND FALLENDER MOND Wenn der Mond steigt oder fällt, hat das nichts damit zu tun, dass er abnimmt oder zunimmt. Der Mond ändert seine Position am Himmel und nähert bzw. entfernt sich von der Erde. Um festzustellen, ob er gerade steigt oder fällt, betrachtet man ihn am besten über mehrere Tage in Bezug zu einem festen Punkt (das kann ein Kirchturm sein, eine Baumkrone oder ein Hausdach). Der fallende Mond nähert sich dem gewählten Fixpunkt, der steigende Mond entfernt sich von ihm. Der Mond kann also zugleich steigen und abnehmen oder fallen und zunehmen.

MONDKNOTEN Die Erde umläuft die Sonne auf einer sogenannten »ekliptischen« Ebene. Der die Erde umlaufende Mond kreuzt diese Ebene an zwei Punkten. Diese Schnittpunkte der Mondbahn mit der Ekliptikebene sind die Mondknoten oder Drachenpunkte. Am aufsteigenden Mondknoten, dem »Drachenkopf«, wechselt der Mond von der südlichen auf die nördliche Seite der Ekliptik, am absteigenden Mondknoten, dem »Drachenschwanz«, von der nördlichen auf die südliche Seite. Der Mond benötigt 27,2 Tage für eine »drakonitische« Periode, also die Rückkehr zum nördlichen Knoten. In der karmischen Astrologie, die sich mit unseren vergangenen Leben beschäftigt, haben diese Knoten eine Bedeutung. Der nördliche Mondknoten entspricht unserem aktuellen Lebensweg, der südliche unseren karmischen Erfahrungen und den daraus zu ziehenden Lehren. Alle 18,5 Jahre befinden sich die Mondknoten in derselben Position wie bei unserer Geburt. Auf unsere persönliche Entwicklung bezogen entspricht diese regelmäßige Wiederkehr bestimmten Lebensetappen, die jeweils entscheidende Übergänge markieren. Es sind dies Portale, die Zyklen öffnen und schließen: im Alter von 18–19, 36–37, 55, 73–74, 92. Diese Perioden unterteilen sich in kürzere Zyklen im Abstand von neun Jahren, wenn nördlicher und südlicher

Knoten ihre Positionen tauschen, daher kommen Einschnitte im Alter von 9, 27, 45, 63, 81 und 99 hinzu.

PERIGÄUM: ERDNÄHE Die Mondbahn beschreibt eine Ellipse, daher verändert sich der Abstand von Erde und Mond. Wenn das Gestirn der Erde am nächsten ist, spricht man von Perigäum. Die lunaren Einflüsse sind dann am stärksten.

APOGÄUM: ERDFERNE An diesem Punkt ist der Mond auf seiner elliptischen Umlaufbahn am weitesten von der Erde entfernt.

SUPERMOND Zu diesem Phänomen kommt es bei größter Erdnähe. Es lässt sich mit bloßem Auge beobachten, wenn der Mond voll und rund am Himmel steht. Die lunaren Energien sind beim erdnächsten Vollmond besonders stark. Ein seltenes Phänomen ist der Supervollmond, wenn sich der Mond über das Perigäum hinaus der Erde nähert. Zum letzten Mal war dies 1912 zu beobachten. Seit der christlichen Zeitrechnung wurden nur 20 dieser Supervollmonde aufgezeichnet.

EKLIPSE: MONDFINSTERNIS Zu einer Mondfinsternis kommt es bei Vollmond, wenn sich Sonne, Erde und Mond genau auf einer Linie befinden. Der Mond tritt in den Erdschatten und erhält kein Sonnenlicht mehr. Eine teilweise Mondfinsternis ereignet sich zwei Mal im Jahr, totale Eklipsen sind seltener und zeigen die stärksten Auswirkungen. Auf symbolischer Ebene steht die Mondfinsternis für die Enthüllung dessen, was versteckt war. Wir tauchen in die Tiefe, in unser Innerstes ab, wir offenbaren unser wahres Ich und holen Verborgenes hervor. Dieses Aufzeigen unserer Schattenseiten, unserer dunklen Geheimnisse, bietet Raum für Transformationen. Totale Mondfinsternisse lassen uns an unseren Blutsverwandtschaften und Beziehungen, an unserer Familie und sozialen Gruppe arbeiten. Energetisch sind Eklipsen eine Quelle für emotionale Umbrüche, Nervosität und Spannungen. Sie stehen für den Übergang vom Schatten ins Licht, für eine Neuordnung, bei der wir ausloten, was wir loslassen müssen, um befreit unserer Zukunft entgegenzugehen.

BLUE MOON Der »blaue Mond« ist ein seltenes Ereignis und bezeichnet einen zweiten Vollmond innerhalb eines Monats. Sein Erscheinen deutet darauf hin, dass wir uns in einem Jahr mit dreizehn Monden befinden – wahrscheinlich hat die Zahl 13 auch aus diesem Zusammenhang ihre symbolische Bedeutung. Der zweite Vollmond besitzt die gleichen energetischen Eigenschaften wie der erste, nur sind sie noch stärker ausgeprägt. Der blaue Mond bringt unsere spirituellen Energien in Aufruhr.

SCHWARZER MOND Als Schwarzmond bezeichnet man allgemein den Neumond, da dieser ganz verdeckt ist und kein Licht ausgibt. Ein schwarzer Mond benennt aber auch zwei Neumonde innerhalb eines Monats. Wie der blaue Mond (ein zweiter Vollmond in einem Monat) bringt der schwarze Mond ein Mehr an Energie, er begünstigt psychische Arbeit, Meditation und Weissagung.

Auch in der karmischen Astrologie findet man den Begriff, dort bezeichnet er einen immateriellen Punkt im leeren Haus der Mondbahn an unserem jeweiligen Geburtshimmel. Diese komplementäre Konstellation ist besonders deutungsreich für unser Sternzeichen.

WEISSER MOND »Weißer Mond« ist eine andere Bezeichnung für den Vollmond.

OSTERMOND: ROSA MOND Der erste Vollmond nach Ostern, Mitte April bis Mitte Mai, ist nicht etwa pinkfarben! Es geht dabei vielmehr um eine Bauernregel: Wenn der Vollmond am klaren Himmel sichtbar ist, besteht die Gefahr später Froste, die Kälte verbrennt (»rötet«) die Triebe. Von einem rosafarbenen Mond spricht man auch bei einer Mondfinsternis oder wenn der Erdtrabant sehr tief am Himmel steht und orange leuchtet.

ROTER MOND Zwei Tage vor und zwei Tage nach dem Vollmond haben wir einen Roten Mond.

ASCHEMOND Aschemond nennen wir unseren Begleiter zwei Tage vor und nach dem Neumond. Die Farbe des Himmels geht ins Gräuliche, weil der Himmelskörper nur schwach leuchtet.

BLUTMOND Der Name Blutmond geht auf eine Auswirkung der totalen Mondfinsternis zurück. Der Mond erhält kein direktes Sonnenlicht mehr und hüllt sich beim Eintreten in den Erdschatten in ein rötliches Gewand. Die Energien steigern sich und können Störungen hervorrufen, da sie für Nervosität sorgen und Körper wie Gedanken nur schwer zur Ruhe kommen.

DEM MOND VERBUNDEN

Wir sind auf vielfältige Weise mit dem Mond verwoben – nun geht es um die Geschichte unserer Verbindung. Öffnen wir unsere Seele, vertrauen wir dem Papier unsere Empfindungen an. Genießen wir die Freude beim Erstellen eines Mondkalenders, der uns wirklich entspricht und uns immer begleiten soll. Unser persönlicher Zyklenkalender wird zu unserer Himmelskarte. Lassen wir die Magie der Nacht in uns einfließen, öffnen wir uns der Welt der Träume und zeichnen wir unseren persönlichen Traumring. Diese kreativen Werkzeuge werden zu wunderbar stimmigen Arbeitsinstrumenten, mit denen wir unseren Weg, unsere Verwandlung und unsere Suche nach dem Mond erzählen.

○ Mondkalender

Ein Mondkalender ist ein Tagebuch, in das wir im eigenen Rhythmus Brücken eintragen, die wir zwischen unserem Leben (Empfindungen, Ideen, Gleichzeitigkeiten, Körperbefinden …) und dem Mond feststellen. Es ist ein privater, uns angepasster Raum, der uns den Weg zu unserer wahren Natur finden hilft. Wenn wir ein solches Mondtagebuch eine Weile geführt haben, werden uns die Entsprechungen zwischen den Energieflüssen und unserer inneren Aktivität auffallen. So können wir den für uns stimmigen Rhythmus in unseren Alltag integrieren.

Lassen wir unserer Kreativität freien Lauf. Das Buch sollte am besten dicke Seiten haben, damit wir darin malen, zeichnen und collagieren können.

Als Bezug dienen im Internet verfügbare Himmelsdaten, die wir für jeden Monat notieren:

- die Mondphasen (Datum, NM für Neumond oder VM für Vollmond oder entsprechende Zeichnungen für das erste und letzte Viertel)
- astronomische Ereignisse wie Eklipse, Supermond …
- die Position des Mondes innerhalb des Sternbilds, also etwa: VM im Schützen, NM im Krebs …

Vervollständigen wir dieses Grundgerüst durch persönliche Ereignisse, symbolische Daten, Mondpositionen in unserem Sternzeichen, markante Ereignisse und heidnische Feste. Damit begeben wir uns in den krea-

tiven und persönlichen Teil, in dem wir unsere Empfindungen festhalten, sie mit den Monat für Monat frei werdenden Mondenergien abgleichen und die festgelegten Rituale durch eigene ergänzen. Zum Schwarzen Mond notieren wir unsere Vorhaben und Absichten, zum Weißen Mond schreiben wir auf, wofür wir dankbar sind. Achten wir darauf, was in uns geschieht, wenn der Vollmond in unserem Sternbild erscheint.
Unser Tagebuch soll auch als Verzeichnis dienen, in dem wir Bücher, Zitate, Lieder und Musik notieren, die uns inspirieren und dem Mond nahebringen. Wir können Worte, aber natürlich auch jede Form des künstlerischen Ausdrucks (Zeichnung, Collage, Foto) verwenden, um unser Mondverbundenheit auszudrücken. Fühlen wir uns frei, leben wir unsere Kreativität aus, haben wir Spaß! Das Buch wird so zum Spiegel unserer Imagination und unserer Persönlichkeit.

○ Zyklenkalender

Das Führen eines Zyklenkalenders hilft uns, unsere emotionalen und kreativen Flüsse und Wellen zu erkennen und zu leben. Im Laufe der Monate werden wir unsere inneren Abläufe besser verstehen, wir können Phasen des Schaffens, des Rückzugs und der Innerlichkeit unterscheiden und wissen, wann wir für andere da sein können und wann wir einer Rückbesinnung bedürfen, wir kennen aktive und intuitive Phasen. Wenn wir unseren eigenen, ganz individuellen Rhythmus kennen, können wir im Alltag mit diesen verschiedenen Einflüssen jonglieren und unser Potenzial voll nutzen. Dann legen wir – je nachdem welche Energien fließen – Verabredungen in dafür geeignete Phasen, schöpfen ein Schaffenshoch voll aus oder ziehen die Innerlichkeit äußeren Aktivitäten vor. Wir sollten wissen, wann wir besser nein sagen.
Schaffen wir uns einen Kalender, der zu uns passt. Verleihen wir ihm unsere Persönlichkeit, feiern wir den Rückzug ins Intime, leben wir unsere Kreativität in diesem privaten Raum aus.
Dazu beginnen wir mit Tag 1 unserer Regel, notieren das Datum und fügen hinzu,

- wie wir uns körperlich fühlen: Haben wir Schmerzen, sind wir müde, fühlen wir uns wohl in unserer Haut?
- welche Emotionen in uns vorherrschen: Wut, Lustlosigkeit, Freude, Heiterkeit?
- welche Bedürfnisse momentan besonders stark sind: Alleinsein, etwas unternehmen, zu Hause bleiben, schlafen?

Ziele ins Auge fassen
Klärung
NEUMOND
KOMMUNIKATION
Beginnen
Sich um sich selbst kümmern
Schöpferisch tätig sein
Sich öffnen
Organisieren
Handeln
FREUDE
Dankbarkeit
gegenüber anderen
VOLLMOND
Energien, Steine,
magische Werkzeuge
aufladen
MEDITATION
Dankbarkeit
gegenüber sich selbst
INNENSCHAU
Kapitel
schließen
INTUITION
Reinigen
Ordnen

- welche Intuitionen uns leiten
- ob wir sexuelle Lust oder Unlust empfinden
- was wir momentan gerne essen, anziehen, riechen …
- Auch wenn uns das nebensächlich erscheinen mag: Jedes Element hat seine Bedeutung.

Setzen wir diese Liste Tag für Tag fort, bis (nach durchschnittlich 26 bis 29 Tagen) ein neuer Zyklus beginnt und wir wieder bei Tag 1 beginnen. So erhalten wir über die Monate ein Bild unserer Energien.

○ Traumring

Die Gabe, mit dem Traumuniversum in Kontakt zu treten, verdanke ich meiner Großmutter. Sie hatte vorausahnende Träume, wodurch ich schon sehr früh mit dieser Kraft in Berührung kam. Sie nannte Frauen »Träumerinnen«, da wir die Fähigkeiten hätten, Botschaften über Vergangenes, Gegenwärtiges und Kommendes zu sehen und andere im Traum zu besuchen. Später entdeckte ich, dass das, was meine Großmutter individuell lebte, von anderen Frauen auf der anderen Seite der Erde selbstverständlich praktiziert wurde. In der indianischen Tradition steht die Traumgabe mit dem Mond in Zusammenhang, die Gebärmutter gilt als Traumgefäß. Träume sind wie Seidenfäden, die uns aus unserem Inneren heraus mit dem Mond verbinden – so werden Träume »gewebt«. Mir persönlich erscheinen diese Fäden immer wie die Saiten einer Harfe, die sich spielen lässt, wenn man sich körperlich, mental, emotional und spirituell auf sie einlässt und seine intuitiven Fähigkeiten erweitert.

Der Traumring ermöglicht uns, den Inhalt unserer Träume zu erforschen und eine Verbindung zwischen den Mondumlaufzeiten und unseren Zyklen zu ziehen. Wenn wir unsere Träume in ihn übertragen, werden wir erstaunliche Entdeckungen machen: Je nachdem, in welchem Sternzeichen der Mond steht, lassen sich wiederkehrende Themen erkennen. Wir werden feststellen, dass wir den Einfluss des Mondes an zweieinhalb Tagen im Monat besonders stark spüren – dann nämlich, wenn der Mond in die Position zurückkehrt, die er zum Zeitpunkt unserer Geburt hatte, wenn er also in unserem Sternzeichen steht. Die Symbole, die bei der Traumarbeit aufkommen, können zur Analyse oder als Inspiration dienen. Lassen wir uns von unseren Empfindungen und Visionen leiten. Nutzen wir Mythen, Geschichten und Archetypen, um unsere Träume zu deuten und unsere Erfahrungen in ein überliefertes, universelles Wissen einzuordnen.

Um nun unseren Traumring entstehen zu lassen, zeichnen wir einen Kreis, der in 30 Felder unterteilt ist. Jedes Feld steht für einen Tag unseres Zyklus. Beginnen wir wieder mit Tag 1, notieren wir das Datum und dazu die Mondposition und Mondphase. Dann versuchen wir uns zu erinnern, welche Themen in unseren Träumen auftauchen, welche Symbole erscheinen und welche Gefühle beteiligt sind. Falls nötig, schreiben wir neben dem Kreis unsere Traumgeschichte auf, um die Spur zu vertiefen und Schlüsselmomente zu klären: Wo waren wir? Welchen Menschen und Tieren sind wir begegnet? Welche Einzelheiten sind uns aufgefallen?

Am besten legen wir uns etwas zu schreiben ans Bett und notieren gleich morgens beim Aufwachen, was noch vom Traum zum Vorschein kommt, bevor wir ganz bei Bewusstsein sind.

Die Traumarbeit verfeinert sich mit der Zeit. Wenn wir uns auf Entdeckungsreise in unser Innerstes begeben, träumen wir nicht mehr, sondern wir »werden geträumt«. Unsere Visionen liefern uns dann nicht nur Informationen über unser einzelnes Leben, sondern Botschaften von kollektivem Charakter. Jede Frau, die sich für diesen Weg entscheidet, wird entdecken, welch unendliche Möglichkeiten sich ihr dadurch eröffnen. Im folgenden Teil stelle ich die großen Traumthemen in Bezug auf das jeweilige Sternzeichen vor.

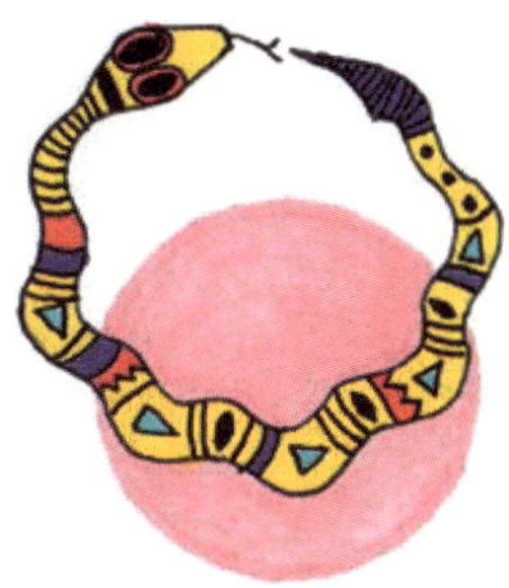

DIE MAGIE DER STERNZEICHEN

Teil des großen Ganzen zu sein bedeutet auch, sich dem Kosmos zuzuwenden, da wir doch spüren, dass das Geschehen am Himmel Einfluss auf unser Dasein hat. Jede Konstellation und jeder Planet sind über eine straff gespannte Saite mit uns verbunden: Die so erzeugte Musik können wir mithilfe der Sterndeutung hören. Die Astrologie ist der Versuch, die Welt darzustellen. Sie lässt uns Energiewege entdecken, die unser Leben speisen. Jedes Mal, wenn der Mond in ein Sternzeichen eintritt, lädt er uns über energetische Schwingungen ein, einen Teil unserer Existenz zu hinterfragen und besser zu verstehen. Eignen wir uns diese Himmelsräume an – ohne Angst, mit Demut. Entschlüsseln wir die lunaren Einflüsse und nutzen wir sie, ohne in Determinismus abzurutschen – wie ein Werkzeug, mit dem wir unseren Persönlichkeitsstatus verfeinern.

○ Der Mond und unser Sternzeichen

Die zwölf Tierkreiszeichen tragen zwölf verschiedene Energien und zeigen zwölf verschiedene Wege zur Deutung der Welt auf. Was sich am Himmel abspielt, zeitigt Auswirkungen auf der Erde. Der Mond beeinflusst uns ständig, jedoch mit individueller Ausprägung, abhängig von unserem Sternzeichen und dem Umstand, dass wir nun einmal alle verschieden sind. Die in der westlichen Welt verwendete tropische Astrologie stützt sich auf die Position der Sonne. Wir kennen also alle unser Sonnenzeichen – da wir inzwischen aber begriffen haben, welch starken Einfluss unser silberner Begleiter auf unser Leben hat, ist es genauso wichtig zu wissen, wo sich der Mond am Himmel unserer Geburt befand. Dies kann man heute auf den entsprechenden Internetseiten schnell herausfinden. Interessant ist auch die Beobachtung, was in unserem Leben passiert, wenn der Mond in die Position zurückkehrt, die er bei unserer Geburt innehatte. Wenn unser Mondzeichen beispielsweise der Skorpion ist, ist der Einfluss des Mondes auf uns am stärksten, wenn er alle 29,5 Tage aufs Neue im Skorpion steht.

Über die Position des Mondes am Sternenhimmel geben ebenfalls entsprechende Sites oder Apps Auskunft. Die Sonne bewegt sich langsamer und tritt etwa alle dreißig Tage in ein anderes Sternzeichen, der Mond aber wechselt alle zweieinhalb Tage das Bild.

In einem Umlauf durchquert er die Tierkreiszeichen in der immer gleichen Reihenfolge: Widder, Stier, Zwillinge, Krebs, Löwe, Jungfrau, Waage, Skorpion, Schütze, Steinbock, Wassermann, Fische.

Von Interesse ist vor allem, wo sich der Mond während der zwei großen Energieereignisse des Monats befindet – nämlich bei Vollmond (dem ich im Folgenden besondere Aufmerksamkeit widme, weil er sehr einflussreich ist) und bei Neumond.

Die Tierkreiszeichen unterteilen sich in drei Kategorien: Kardinalzeichen, feste Zeichen und bewegliche Zeichen.

Die Kardinalzeichen Widder, Krebs, Waage und Steinbock stehen zu Beginn einer neuen Jahreszeit. Ihnen wohnt ein Anfang inne, daher stehen sie für ein absichtsvolles und zielgerichtetes Handeln. Sie haben die Zukunft vor Augen und weisen den Weg. Ihre Energien sind an Taten, an Kommunikation und an Autorität geknüpft.

Die festen Zeichen Stier, Löwe, Skorpion und Wassermann liegen in der Mitte einer Jahreszeit und fungieren damit als Hüter von Frühling, Sommer, Herbst und Winter. Ihre Rolle besteht oftmals darin, einer bestimmten Richtung zu folgen und vom einmal eingeschlagenen Weg nicht mehr abzuweichen. Anderen Zeichen, die nicht so stark an ihren Prinzipien festhalten, erscheinen sie daher oft als streng. Die Energien dieser Zeichen begünstigen Stabilität, Ausdauer und Kraft.

Die beweglichen Zeichen Zwillinge, Jungfrau, Schütze und Fische beschließen eine Jahreszeit und markieren damit einen Übergang, eine Entwicklung. Ihre Energien gründen auf dem Neuanfang, auf Bewegung und Reflexion.

Wenn wir herausfinden, in welcher Konstellation sich der Mond bewegt, sollten wir auch danach schauen, in welchem Zeichen sich die Sonne befindet, denn auch diese Yin-Yang-Achse beruht wie alles auf einem Gleichgewicht der Kräfte. Die Beobachtungen, die wir anhand unseres Mondtagebuchs machen, beginnen am Himmel und führen in unser innerstes Reich. Sie weisen darauf hin, wie der Mond mit uns interagiert.

○ Der Vollmond in den verschiedenen Sternbildern und sein Einfluss auf unsere Träume

VOLLMOND IM WIDDER: TATENDRANG Wenn sich der Mond im Sternbild des Widders befindet, drängt er uns zur Tat und fordert uns auf, unsere Absichten und Ziele zu klären. Er lenkt uns auf Wege, die beim kommenden Neumond konkretere Gestalt annehmen. Wenn die

Energie in uns nicht geleitet wird, richtet sie sich am Ende gegen uns. Bitten wir deshalb diesen Mond, uns aufzufangen und zu beruhigen, uns auf die Sprünge zu helfen. Wenn wir uns von ihm führen lassen, können wir Erfinderinnen und Pionierinnen auf unserem Gebiet werden, er wird uns die Unerschrockenheit und die Entschlusskraft geben, die zur Verwirklichung unserer tiefsten Wünsche erforderlich sind. Vertrauen wir auf unsere Fähigkeit, diese kraftvolle Energie zu kanalisieren, legen wir unsere Wut ab und halten wir alles Ungestüme im Zaum. Wir wissen ja, wohin wir gelangen wollen, warum sollten wir unser Projekt scheitern lassen, nur weil wir etwas überstürzen? Seien wir wie der Widder: Stehen wir fest auf der Erde und halten wir unser inneres Feuer am Brennen.
Widder-Traumring: Bewusstwerdung Wenn der Mond im Widder steht, erreichen uns sehr kraftvolle Träume. Sie sprechen einen Bereich in uns an, den wir unter Kontrolle halten, und fordern Veränderungen, die sofort in Angriff genommen werden wollen, im Bruch mit unserer Vergangenheit. Die Widdermond-Träume können einen unbewussten Widerstand aufdecken, sie steigern das Bedürfnis, bestimmte Aspekte unseres Lebens zu überdenken.

VOLLMOND IM STIER: GELEBTE SPIRITUALITÄT Bewegt sich der Mond in das Sternbild Stier – ein festes, erdverbundenes Zeichen –, dann fragt er danach, wie wir unsere Spiritualität leben. Er deckt unsere mystische Veranlagung auf und fordert Authentizität. Er gibt uns Gelegenheit, uns darüber klar zu werden, wie weit wir in unserer persönlichen Entwicklung gekommen sind. So bringen wir die Ernte dessen ein, was wir innerlich über Monate, ja Jahre angebaut haben. Betrachten wir den zurückgelegten Weg, gratulieren wir uns zur getanen Arbeit. Sind wir stark genug, können wir nun die Seele einer Fährfrau annehmen: Es ist Zeit für die Überfahrt. Jetzt kümmern wir uns um langfristige Projekte, wir setzen uns in Bewegung und gehen auf andere Menschen zu, wir nehmen den Platz ein, der uns auf dem gemeinsamen Weg zusteht. Aber Vorsicht: die Bewusstheit, mit der wir unser Leben führen, sollte nicht in Kontrolle ausarten und die Beziehung zu anderen niemals berechnend sein. Widersetzen wir uns der Versuchung, unsere Werte und Vorstellungen durchsetzen zu wollen. Der Tatendrang des Stiermonds ist langatmig und hartnäckig und sollte in den Dienst der Lebensfreude gestellt werden.
Stier-Traumring: Harmonie zwischen Himmel und Erde Im Himmelsbild des Stiers kanalisieren wir Träume, die in Beziehung zur Natur und zu extremen Naturkräften wie Stürmen oder Erdbeben stehen. Unsere

Träume sprechen auch von unserem Aufstieg in höhere Sphären, von der Sprache als Ausdruck unserer inneren Schönheit und vom Gesang als Himmelsleiter.

VOLLMOND IM ZWILLING: AUFRICHTIGKEIT Im Sternbild Zwillinge macht uns der Vollmond auf unsere Beziehung zu anderen aufmerksam. Er erinnert uns daran, dass eben nicht alles schwarz oder weiß, gut oder schlecht ist. Es kommt vor, dass wir uns vorschnell äußern und dadurch in eine unangenehme Lage bringen, wir werden von Gefühlswellen erfasst, die wir nicht kontrollieren. Um diesen Sturm zu umschiffen, brauchen wir eine Klarheit der Gedanken, wir müssen uns die Zeit nehmen, über unsere Beziehung zu anderen nachzudenken. Die Zwillinge stehen für zwei Gesichter derselben Seele, eines im Licht und eines im Schatten. Sie können aber auch als eine Entwicklung gesehen werden, bei der man eine Seite seines Ichs aufgibt, um die andere in sich aufzunehmen. Jedenfalls verlangt uns dieser Mond ein Mehr an Reife ab. Wir sollen hinterfragen, was hinter unserem Bestreben steht, unter Menschen zu sein. Ist dieses Menschenbad angemessen? Welche Gründe haben wir, immer mehr Kontakte zu knüpfen? Was versteckt sich hinter der Flut der Worte, die wir vor anderen ausschütten? Der Mond fordert uns auf herauszufinden, was für uns und für andere richtig und angemessen ist. Wir sollen überdenken, wie wir kommunizieren und unsere Werte vermitteln. Wir werden feststellen, dass manche Beziehungen ihren Sinn, ihre Kraft und ihren guten Willen verloren haben, oder aber, dass all diese Kontakte, die uns bereichernd erschienen, doch nur dazu da waren, unser Geltungsbedürfnis zu befriedigen. Diese Erkenntnis kann zu einer gewissen Entfremdung führen, denn wir wissen erst einmal nicht, wie wir unsere Beziehungen ins Lot bringen können. Bevor wir handeln, sollten wir aber erst einmal in uns gehen, zur Ruhe kommen und innere Stille suchen, um zu einer ausgeglichenen Kommunikation und einem ehrlichen Umgang zurückzufinden. Die nun getroffenen Entscheidungen sind die richtigen, denn sie werden nicht länger vom Ego diktiert, sondern sind geprägt von der Sorge um Aufrichtigkeit.

Zwillinge-Traumring: Kommunikation In dieser Konstellation stehen die Träume in Verbindung mit unserer Gabe der Vorahnung, mit Lebensfreude und Lebensangst. Sie können auf eine Situation der Bedrängnis hinweisen, auf einen Mangel an Freiheit oder die Besetzung eines Lebensbereichs. Sie betreffen außerdem die Kommunikation und den Austausch. Sie werfen uns auf unsere zweigeteilte Persönlichkeit zurück, sie fungieren als Spiegel zwischen Unbewusstem und Bewusstem und übergeben uns Botschaften, die eine Brücke zwischen diesen beiden Ufern bilden.

VOLLMOND IM KREBS: EMPFINDSAMKEIT Wenn sich der Mond in den Krebs bewegt, kehrt er nach Hause zurück. Denn der Krebs als Mond- und Wasserzeichen spiegelt die Energien des Nachtgestirns wider, dessen Einfluss sich nun ungehindert ausbreiten kann: Es geht um ein reiches Seelenleben, um starke Träume und eine gesteigerte Empfindsamkeit. Die Emotionen durchströmen uns wie ein Fluss. Unsere Gefühlswelt steht ganz oben, und mit ihr die Befindlichkeiten derer, die ihr angehören: Familie und Freunde. Dieser Mond befragt unsere Aufstellung, unsere vertikale Position zwischen Erde und Himmel. Diese ist nicht starr, sondern ein Seidenfaden, der zwischen beiden Welten, zwischen Vergangenheit und Gegenwart gespannt ist. Das Geheimnis umgibt uns. Unsere Intuition arbeitet, schenken wir ihr freien Ausdruck. Werden wir Wölfinnen, die ihr Rudel beschützen, nähren und umsorgen. Hüten wir uns aber vor einem Überschwang der Gefühle und Hypersensibilität. Wenn wir hier keine Achterbahnfahrt erleben wollen, sollten wir Grenzen setzen können. Unser ausgeprägtes Mitgefühl sollte ein Gegengewicht haben, damit es nicht zu Erschöpfung und Energieverlust kommt. Daher sollten wir ein Gleichgewicht finden zwischen dem altruistischen, offenherzigen Wunsch, für andere da zu sein, und dem Bedürfnis, Kräfte zu sammeln und uns vor destabilisierenden äußeren Einflüssen zu schützen.
Krebs-Traumring: Intimität Diese Träume stehen mit unserem Inneren und damit unserer Kreativität in Kontakt. Sie sprechen von Fruchtbarkeit, von unserem Paarleben und dem Zuhause. Oftmals träumen wir von unserem Elternhaus oder vom Meer und sehen dann riesenhafte Wellen. Die Traumthemen sind Geborgenheit und Mitgefühl.

VOLLMOND IM LÖWEN: STRAHLEN Dieser Mond inspiriert und weckt, er rückt uns in den Mittelpunkt. Durch unser Sonnen-Yang angestachelt, betreten wir das Feld der Aktion, um dort zu strahlen. Dank ausgedehnter kreativer Energie und ungezügelter Einbildungskraft können wir unser Potenzial voll entfalten. Wir haben große Träume und werden feststellen, dass diese Phase blühende solare Projekte begünstigt, die dem Weg unseres Schicksals folgen. Die starken subtilen Energien können wertvolle Verbündete sein, doch müssen wir sie kanalisieren und dürfen nicht in die Falle der Herrschsucht oder Unnachgiebigkeit geraten. Es geht ums Verbinden, nicht ums Teilen. Nehmen wir uns also in Acht vor unserer Fähigkeit, anderen unsere Sicht der Dinge aufzudrängen oder unsere Funktionsweise auf andere zu übertragen. Schauen wir uns die Situation lieber von oben an, nehmen wir Abstand, auch wenn wir dabei an Energie verlieren. Wenn wir diese Kurve geschickt nehmen, wird es eine Phase voller interessanter Begegnungen und aufregender Verknüpfungen. Dieser Mond will uns als Löwin sehen, die unabhängig und stark ihr Rudel und ihre Ideale beschützt.

Löwe-Traumring: Soziales Miteinander In dieser Konstellation reifen begeisternde Träume. Sie sprechen uns direkt an und handeln oftmals von unserer Rolle innerhalb einer Gemeinschaft. Sie enthüllen unsere unbewussten Projektionen, unsere wahre Natur, unseren Freiheitswillen. Thema ist unsere Verwurzelung in einem Kollektiv.

VOLLMOND IN DER JUNGFRAU: UNABHÄNGIGKEIT Dieser Vollmond kann destabilisierend wirken, trotz seines verankerten Status und seiner offenbaren Stabilität ist er oftmals Quelle für Unruhe und Angst. Es fällt uns daher manchmal schwer, unsere Gedanken und Pläne mit der Materie zusammenzubringen. Achten wir darauf, dass unser Geist nicht in den Widerstand tritt, verzetteln wir uns nicht, denn es kann gut sein, dass wir uns von der Liste der Aufgaben überfordert fühlen. Wir dürfen nicht zulassen, dass sich unsere engen Gedanken im Kreis drehen, sonst riskieren wir, uns als Opfer zu sehen. Vorsicht also vor einem Kontrollverlust aus mangelnder Flexibilität. Dennoch ist es unter diesem Mond einfacher, unsere Erdverankerung zu stärken und damit zu verhindern, dass wir von der Flut der Gedanken fortgerissen werden. Kräftigen wir also unsere Wurzeln und ruhen wir in unserem Zuhause, um Klarheit zu schaffen und die Wogen zu glätten. Wenn wir diese Kurve sanft nehmen, gewinnen wir an Freiheit, die ja diesem Mondeinfluss vor allem zu eigen ist. Die Jungfrau erhält so ihren ursprünglichen Sinn: Sie ist eine erfahrene Frau, die frei entscheiden kann und eine freie Sexualität lebt, die keinem Vater und keinem Ehemann angehört, sondern ihr Schicksal alleine meistert. Sie unterstützt unsere Sehnsucht nach Unabhängigkeit und unsere Anbindung an Himmel und Erde. Sie fordert uns auf, uns mit etwas Größerem zu verbinden und unsere Spiritualität durch konkrete Rituale zu erweitern – jedoch behutsam und im Einvernehmen mit unseren Mitmenschen.

Jungfrau-Traumring: Heilung Die Träume, die im Mond unter dem Zeichen der Jungfrau geboren werden, sind oftmals voller Details. Sie enthalten zahlreiche konkrete Hinweise, die wir im körperlichen Leben nutzen können, um uns zu organisieren und Entscheidungen zu treffen. Die Träume in der Jungfrau beschäftigen sich außerdem mit Fragen der

Heilung, sie liefern Ratschläge, wie wir an unseren Verletzungen arbeiten können – besonders, wenn diese mit dem Körperlichen in Verbindung stehen.

VOLLMOND IN DER WAAGE: HARMONIE Unter den Auswirkungen dieses Mondes geraten wir ins Strudeln: Er steht zwar für den Ausgleich, zeigt uns aber auch, wie schwer dieser zu finden ist. Uns treiben aktuelle Probleme um, es geht um unsere Beziehungen und hier besonders Liebesbeziehungen, aber auch um freundschaftliche und berufliche Kontakte. Finden wir den Punkt des Gleichgewichts, um diese Bindungen zu harmonisieren. Das wird uns nicht leichtfallen, denn dieser Mond bringt unsere Gefühle kräftig ins Wanken. In Wellen stoßen sich unsere Emotionen an unseren Gedanken. Jetzt gilt es, eher auf unseren Verstand zu hören, als sich von Leidenschaft leiten zu lassen. Kontrollieren wir unsere Empfindungen, verpflichten wir uns, an dem festzuhalten, was uns richtig erscheint, auch wenn das unseren unmittelbaren Stimmungen zuwiderläuft. Lernen wir, über den Tellerrand zu blicken. Nehmen wir die Dinge an, wie sie kommen, ohne das Schicksal herauszufordern, stellen wir unseren Stoizismus unter Beweis: Was geschehen muss, geschieht. Verbinden wir Herz und Verstand, denn der Weg zur Harmonie verläuft zwischen diesen beiden Polen.
Waage-Traumring: Das innere Kind Wenn der Mond sich in die Waage begibt, handeln unsere Träume von unserem inneren Wesen, von unseren emotionalen Bindungen, sie betreffen das Kind in uns. Sie knüpfen an das Mütterliche und Intime an. Sie sprechen von unserer vertikalen Positionierung und unserer Fähigkeit, negative Gefühle zu vermeiden. Sie geben Hinweise, die unser inneres Gleichgewicht betreffen.

VOLLMOND IM SKORPION: INSTINKT Die starken Energien dieses Mondes treffen uns im Innersten. Sie stoßen uns auf unser persönliches Rätsel, auf unsere Spiritualität und unsere sexuelle Kraft. Wir empfangen sie unabgeschwächt und direkt. Das Element dieses Zeichens ist Wasser, und Wasser begünstigt starke und tiefe Emotionen. Dieser Vollmond will uns reifen lassen, wir sollen alles Alte ablegen und uns reinigen. Dies kann zu Erregbarkeit, Nervosität und sogar zu einer Form der Depression führen. Der Skorpion-Vollmond holt Erlebnisse hervor, die wir tief vergraben wollten – dies zuzulassen kann unangenehm sein. Wenn wir aber unsere Ängste überwinden, vollzieht sich ein grundlegender spiritueller Wandel. Jetzt sollten wir unsere Intuition sprechen lassen und ihr wenn möglich durch Wahrsagemethoden wie Tarot oder Pendel zu deutlicherem Ausdruck verhelfen. Dieser Vollmond verbindet uns mit unseren tiefliegenden Instinkten, er ruft nach intensiven spirituellen Erfahrungen – vielleicht bringt er uns auf den schamanischen Weg, öffnet uns einer heiligen Sexualität mittels Tantra oder lehrt uns die Erweckung durch Kundalini – ermuntert uns also zu Praktiken, welche Spiritualität und Sexualität in Einklang bringen.

Skorpion-Traumring: Aufdeckung Unsere Träume im Skorpion sind intensiv: Sie enthüllen Verstecktes und graben im Unbewussten. Sie können mit Sexualität, Tod und Übergang in Verbindung stehen und befassen sich mit unseren Empfindungen, unserer Hellsichtigkeit und unserem Gespür.

VOLLMOND IM SCHÜTZEN: AUF DEN KÖRPER HÖREN Die Pfeile des Schützen weisen uns die Richtung, sie zeigen uns den Weg, nicht das Ziel. Dieser Mond bringt uns dazu, nach vorne zu schauen: Wir behalten im Kopf, was wir erreichen möchten, zugleich ist uns bewusst, dass die Entwicklung nicht in der Finalität liegt, sondern im beschrittenen Weg. Der Schütze-Vollmond verlangt, dass wir achtsam sind und unsere Neigung zur Zerstreuung bremsen – Letztere ist dem Schützen besonders zu eigen, da er die Interessensgebiete vervielfacht. Er mahnt uns, unsere Kräfte zu sammeln, bevor wir in Aktion treten. Wir müssen unsere Wahrheit finden, die doch der einzige gültige Weg ist, unsere Initiation voranzubringen. Dieser Mond hält uns dazu an, die spirituellen Dimensionen weiter zu erforschen. Er bringt den Gedanken und die Bewegung zusammen: Ist die Idee klar und schlüssig, löst er die Tat aus. Der Mond im Zeichen der Bildung ermuntert uns, unseren Wissensdurst zu stillen, damit wir weise Ratgeberin und erleuchtete Fährfrau werden. Der Schütze-Vollmond spricht auch von Unabhängigkeit – dies zieht aber keine Einsamkeit mit sich, sondern fordert uns im Gegenteil auf, die Macht der Freiheit mit einem offenen Austausch von Gefühlen und Vorstellungen zu verbinden. Unter diesem Mond werden wir außerdem dazu angehalten, auf unseren Körper zu hören, der uns immer wieder aufzeigt, was wir nicht wahrnehmen oder nicht sehen wollen. Unser Körper ist unser Haus, unsere Zuflucht, unser Tempel. Wenn wir uns ihm widmen, indem wir ihn pflegen, ihn entfalten und seine Botschaften lesen, können wir unser Dasein als ein Ganzes begreifen. So stärken wir die holistische Beziehung zur Erde, auf der unser Schütze mit beiden Beinen steht, während er seinen Bogen gen Himmel richtet.

Schütze-Traumring: Vorahnung Unsere Träume haben nun oft weissagenden Charakter, sie haben einen Bezug zur Zukunft. Sie betreffen Familienkonstellationen und sprechen von Verbindlichkeit, Kraft und Mut. Sie können auch unser Verhältnis zu unserem Körper ansprechen.

VOLLMOND IM STEINBOCK: FUNDAMENT Der Steinbock-Mond ist der Mond der Erbauer und Architekten, er strömt eine starke Yang-Energie aus. Jetzt geht es darum, unser Fundament und unsere Funktionsweise zu prüfen. Wir haben Projekte im Kopf, wir denken an langfristige Verpflichtungen und Vorhaben für die nächsten Monate, beschäftigen uns aber erstrangig mit der Frage, worauf wir aufbauen können. Unsere Stärken und Schwächen werden nun an der Realität gemessen. Wir müssen unsere Wünsche und Möglichkeiten überdenken. Damit wir diese nach innen gerichtete Analyse zu einem guten Ende führen, müssen wir uns zurückziehen. Begeben wir uns also in eine Phase der Reflexion und beginnen wir einen Prozess der Neuprogrammierung. Dieses ehrgeizige Projekt, bei dem tiefliegende Prägungen überschrieben werden, um neue, unserer Entwicklung angepasste Daten zu schaffen, wird von einer intensiven energetischen Reinigung begleitet. Akzeptieren wir, dass wir dieser Arbeit Zeit widmen müssen, treffen wir keine impulsiven Entscheidungen. Denn kaum ist man einer Richtung gefolgt, werden die Karten oftmals wieder neu gemischt, und es eröffnen sich andere, überraschende Wege.
Steinbock-Traumring: Quintessenz In dieser Konstellation symbolisieren die Träume Tod und Wiedergeburt. Sie sprechen von unserem inneren Antrieb, unserem Wesen und Kern. Sie können mit unserer realen oder symbolischen Familie in Verbindung stehen, oder aber sie thematisieren eine Grenzverletzung. Sie stehen mit Knochen, Haut, Zähnen und Nägeln in Zusammenhang.

VOLLMOND IM WASSERMANN: FREIHEIT Dieser Mond erlaubt uns, die Zügel loszulassen und uns vom Blick der anderen freizumachen. Wir können so sein, wie wir sein möchten – nichtkonformistisch, unabhängig. Befreien wir uns von allem Überflüssigen und allem Unnötigen. Besinnen wir uns stattdessen auf grundlegende, verbindende Werte und tun wir die ersten Schritte in der Gemeinschaft und mit der Gemeinschaft. Unter diesem Mond beenden wir unsere Lehre und wenden unser Wissen an. Wir haben Anschluss an ein kollektives Bewusstsein, das ein höheres Ziel verfolgt. Wir haben die Pflicht, unsere Freiheit zu verteidigen, ohne dabei zu vergessen, dass sie nur Sinn hat, wenn wir unsere Weisheit mit allen teilen, die uns umgeben. So sind wir zugleich innerhalb und außerhalb des Kreises. Unter diesem Mondeinfluss brechen wir mit einer Vergangenheit, die einen Teil unseres Lebens bestimmt hat, inzwischen aber keinen Platz mehr bei uns hat. Wir überschauen, was wir erreicht haben. Wir wissen, dass dieser Erfahrungsschatz unsere Zukunft noch stärker bereichert als unsere Träume. Stützen wir uns auf dieses feste Fundament, um unsere Vorhaben voranzubringen.

Wassermann-Traumring: Veränderung Unsere Träume gewinnen eine besondere emotionale Färbung. Sie weisen auf Veränderungen oder gar Umwälzungen bei uns und bei anderen hin – so kann es vorkommen, dass wir Naturkatastrophen sehen, die Synonyme für ein inneres Durcheinander sind. Wassermann-Träume sprechen davon, wie wir mit anderen kommunizieren, manchmal ahnen sie auch Dinge voraus.

VOLLMOND IN DEN FISCHEN: DIE KUNST DES TRAUMS Dieser Mond beweist, dass die innere Kontemplation keine Grenzen kennt. Er verbindet sich mit den Strömen in uns. Es ist jetzt Zeit, in unsere tiefen Wasser abzutauchen. Erlauben wir uns, uns sanft treiben zu lassen, stellen wir uns vor, wie wir diesen inneren Fluss hinabgleiten und die darin verborgenen Schätze heben. Dieser Mond rüttelt an unserem emotionalen Zentrum, er lässt viele Gefühle hochkommen, ohne diese einzuordnen oder zu bewerten. Wir können mit schwierigen Empfindungen konfrontiert werden. Daher sollten wir uns eine friedliche Umgebung suchen, eine stille Zuflucht oder einen wohlwollenden Kreis, wo wir uns sicher genug fühlen, um unsere Affekte zu beruhigen. Der Fische-Vollmond begünstigt unser Abtauchen ins tiefere Ich: Ziehen wir uns aus dem Alltagsstrom zurück und freuen wir uns an unserem inneren Reichtum. In dieser Phase ist der Traum sehr präsent – im wachen Zustand als Sehnsucht, im Schlaf als Sprachrohr unseres Unterbewussten und als unser Ratgeber. Als Überbringer von Botschaften nimmt er einen wichtigen Platz ein. Öffnen wir uns dieser subtilen Kommunikation, die seit dem Morgen der Menschheit Orientierung, Ratschlag und Heilung bringt. Wenn es auch schwerfällt, präzise Botschaften zu formulieren, sollten wir den Emotionen dieser Träume gegenüber dennoch aufgeschlossen sein. Seien wir dankbar für diese wertvolle Kommunikation, denn sie ist Nahrung für unsere Seele.

Fische-Traumring: Das Unterbewusstsein Der Mond gewinnt an Kraft und verbindet sich direkt mit unserem Unterbewusstsein. Unsere Träume lassen viele Emotionen aufsteigen. Als klarer Fluss überbringen sie uns weise Botschaften und Voraussagungen, die ebenso unsere Umgebung betreffen können. Im Verbund mit Fülle und Fruchtbarkeit nehmen sie Bezug auf das Wasser. Sie können auch eine Flucht beschreiben, einen zu beschreitenden Weg oder eine nötige Suche.

DAS VERMÄCHTNIS DES SCHWARZEN MONDES

Der Schwarze Mond ist ein kraftvolles Instrument der Seelenerforschung. Dabei handelt es sich um einen fiktiven Punkt in unserem astrologischen Geburtsthema. In den 1970er-Jahren wurde der Schwarze Mond »Lilith« getauft, nach der Urfrau, die für eine Regelübertretung und die Bedrohung des Gleichgewichts steht. Wenn wir den Schwarzen Mond als Erklärungsmuster verwenden, öffnet sich der Weg zu unseren vorherigen Leben, wir erfahren etwas über unsere karmische Vergangenheit. Der Schwarze Mond nimmt Bezug auf einen Moment in unseren Existenzen, an dem wir gescheitert sind. In den nachfolgenden Leben stellt sich das Gleichgewicht wieder ein, und wir konstruieren uns im Gegensatz zu der Angst, die der Verlust ausgelöst hat: Dieser Gegenpol ist der Priapos. Wir lesen also jeden Schwarzen Mond als einen Bezug auf ein vorheriges Leben und jeden Priapos als eine Eigenschaft in unserem jetzigen Leben. Betrachten wir den Schwarzen Mond als Merkmal einer Vergangenheit, die uns unbekannt ist und dennoch unser Handeln in unserer aktuellen Inkarnation antreibt.

Der Blick auf unseren Schwarzen Mond kann eine beunruhigende Erfahrung sein, denn er steht für eine dunkle und unbewusste Sphäre. Seine Enthüllung hat erhellende Wirkung und erlaubt uns ein tieferes Verständnis davon, wer wir sind und wie wir bestimmte Ungleichgewichte lösen. Er ist unser Ursprungsknoten, der uns die eigenen Abgründe zeigt – doch nur wenn wir uns dem Verbotenen stellen, können wir einen kraftvollen Heilungsprozess beginnen. Wir alle haben ein Zeichen, in dem sich unser Schwarzer Mond befindet, es wird über unser Geburtsthema berechnet und lässt sich im Internet recherchieren. Ich stelle im Nachfolgenden eine Interpretation für jedes Sternzeichen vor, diese Hinweise sind aber mit der Gesamtheit des Themas in Relation zu setzen.

○ Schwarzer Mond im Widder – Priapos in der Waage: Gewalt vs. Harmonie

Der Schwarze Mond im Widder besitzt eine Feuerkraft, die im Verbund mit dem Kriegsgott Mars ins Brodeln gerät. Unser Ursprungsmythos ist

der eines Kriegers, der seinen Gerechtigkeitswillen übersteigert und zu einem blutrünstigen Tier wird. Unsere Ausbrüche sind unkontrollierbar geworden. Wir agieren tyrannisch, impulsiv, gewalttätig. Doch diese Brutalität wendet sich körperlich gegen uns. Es bleibt die unbewusste Erinnerung an eine Angst vor Stichwaffen, Feuer und Vergewaltigung.
DAS TABU des Schwarzen Mondes im Widder ist also die Gewalt. Die Angst wohnt in jeder Form von Aggressivität, Konflikt und Ablehnung durch andere.
DER PRIAPOS IN DER WAAGE Wir konstruieren uns ein Universum der Sanftheit, Schönheit und Ausgeglichenheit. Wir nehmen uns Zeit, die Dinge zu überdenken, und reflektieren unser Handeln und unsere Äußerungen. Fern vom kämpferischen und rachsüchtigen Universum steht hier die Ästhetik im Vordergrund. Wir wollen gefallen, wir möchten akzeptiert werden. Wir möchten zeigen, wie schön die Welt inmitten des Chaos sein kann. Ganz Yin, wollen wir unsere Zuwendung und unser Mitgefühl ausbauen.

○ Schwarzer Mond im Stier – Priapos im Skorpion: Abhängigkeit vs. Unbeugsamkeit

Der Schwarze Mond im Stier entfaltet eine Konstruktionsfertigkeit, die einem Architekten Ehre macht. Wir haben solide, ehrgeizige Projekte geschaffen, die materiellen Gewinn abwerfen. Wir genießen das Erreichte, doch unser Wunsch nach Besitz hat sich in Verlustangst verkehrt, die uns lähmt und jede Tat und jede Entwicklung blockiert. Wir schließen uns mit unseren angesammelten materiellen oder menschlichen Besitztümern ein. Dieser Mond knüpft an Eifersucht und Abhängigkeit an.
DAS TABU besteht in der Angst, seine Besitztümer zu verlieren oder von jemandem oder etwas abhängig zu sein.
DER PRIAPOS IM SKORPION bringt uns Energie und Entschlusskraft, wobei der Sinn für das moralisch Richtige derart ausgeprägt ist, dass er manchmal an Despotismus grenzt. Die Urangst in uns lässt uns Geld als etwas Verbotenes erscheinen. Es ist uns nicht möglich, Besitz anzusammeln – wir verschwenden oder verschenken, was wir nicht verbrauchen. Wir entwickeln eine recht strenge Moral, die sich in Unbeugsamkeit gegenüber unserem Umfeld zeigen kann.

○ Schwarzer Mond im Zwilling, Priapos im Schützen: Manipulation vs. Aufrichtigkeit

Der Schwarze Mond im Zwilling steht für das Streben nach Wissen und die Lust an der Kommunikation. Um in Gesellschaft zu glänzen, haben wir uns zu geschickten Spielern entwickelt. Weil wir aber sicher sein wollen, stets überlegen zu sein, haben wir uns das Lügen angewöhnt. Damit ist unser Stern gesunken. Wir haben uns eine manipulative Sprache angeeignet.

DAS TABU liegt in dem Schmerz, nicht gehört zu werden, Fehler zu machen, nicht die richtigen Worte zu finden, unsere Zuhörer nicht fesseln zu können. Wir neigen dazu, Atemprobleme zu entwickeln, denn der Rachen ist Pforte der Lunge und Symbol der Kommunikation.

DER PRIAPOS IM SCHÜTZEN begünstigt Aufrichtigkeit, Einfachheit und Ehrlichkeit – zuweilen auch Arglosigkeit. Es kann vorkommen, dass unsere Worte übers Ziel hinausschießen, doch diesen Überschwang haben wir schnell wieder unter Kontrolle. Wir treten mit anderen über humanistische Werte in Kontakt und nehmen in unserem Gegenüber immer das Beste wahr – was manchmal auch zu einer gewissen Blindheit führen kann.

○ Schwarzer Mond im Krebs – Priapos im Steinbock: Erdrückung vs. Rationalismus

Der Schwarze Mond im Krebs steht für die archetypische Mutter mit ihrer ganzen Zuwendung und Fürsorge, mit ihrer Hingabe für Kinder und Familie und mit ihrem Mitgefühl für alle, die bedürftig sind. Wir haben uns also liebevoll gekümmert, wir haben behütet, ernährt und getröstet – bis zum Exzess. Unsere Aufopferung kennt keine Grenzen, wir streben die totale Verschmelzung an und bauen so goldene Käfige. Unsere übermäßige Hingabe wirkt erdrückend, Beziehungen zerbrechen.

DAS TABU dieses Schwarzen Mondes steht mit allem in Verbindung, das schon im Entferntesten an einen Familienrahmen erinnert. Wir stoßen alle weibliche Energie von uns; wir befürchten, die physische Kontrolle über uns zu verlieren. Es kann zu Ernährungs- und Verdauungsproblemen kommen.

DER PRIAPOS IM STEINBOCK tritt auf, um Grenzen zu setzen. Wir halten uns streng an Regeln und Gesetze, alles ist formalisiert, selbst menschliche Beziehungen. Unser privates Reich ist stark genug, um anderer nicht zu bedürfen, wir meiden jede Form von Abhängigkeit. Bei einer solchen Disziplin fehlt es oftmals an Empfindsamkeit – sie ist zwar noch da, aber tief vergraben. Das leiseste Anzeichen für Gefühlsduselei wird als inakzeptable Schwäche gedeutet. Lassen wir uns dennoch ein wenig auf die Sanftmut ein – sie ist doch das, was uns ausmacht.

○ Schwarzer Mond im Löwen, Priapos im Wassermann: Stolz vs. Rückzug

Der Schwarze Mond im Löwen steht für eine unbestreitbare Ausstrahlung. Wir waren ein charismatisches Wesen, wir standen im Zentrum der Aufmerksamkeit, die Blicke waren auf unsere Taten und Gesten gerichtet. Wir mussten nichts mehr beweisen – und damit war unser Absturz schon eingeleitet. In der Überzeugung, dass alles erreicht sei, wurden wir hochmütig und konnten keine konträre Meinung, keine kleine Abweichung dulden. Dieses Verhalten provozierte schließlich die demütigende Erfahrung, vom Sockel gestoßen zu werden.

DAS TABU dieses Schwarzen Mondes liegt im Schatten: Wir ertragen nicht, an zweiter Stelle zu stehen. Wir leiden darunter, nicht mehr bewundert zu werden, und ziehen uns lieber ganz zurück. Wir machen uns unsichtbar. Es kann zu Artikulationsproblemen, Rheumatismen und Lichtempfindlichkeit kommen.

DER PRIAPOS IM WASSERMANN arbeitet wirkungsvoll gegen die Angst, im Mittelpunkt zu stehen. Die Größe des Löwen treibt ehrgeizige Projekte an, die der Gemeinschaft nutzen. Wir erschaffen und werten auf, doch es kann sein, dass erneut die Schattenseite der Allmacht auftaucht, wenn wir versuchen, unter dem Deckmantel humanistischer Ideale unsere eigene Vision durchzusetzen. Was uns kennzeichnet, ist die Fähigkeit, mit anderen und doch außerhalb des Kreises zu leben. Wir sind zugleich fasziniert von solaren Persönlichkeiten, die Aufmerksamkeit auf sich ziehen und eine so starke Aura besitzen, dass diese auf uns abstrahlt.

○ Schwarzer Mond in der Jungfrau, Priapos in den Fischen: Unnachgiebigkeit vs. Ungezwungenheit

Der Schwarze Mond in der Jungfrau steht für Perfektionsdrang. Wir sind gerne tätig und widmen uns den Dingen mit vollem Einsatz – so gelingt es uns, viele Gebiete zu beherrschen. Dieses Bemühen um Vollkommenheit hat eine Kehrseite, denn die Strenge macht uns unnachgiebig. Unsere Welt besteht aus Kleinigkeiten, aus unwichtigen Sorgen, sie beschränkt sich auf einen engen Kreis. Die Leichtigkeit ist verschwunden. Wir ertragen es nicht, die geringste Schwäche oder kleinste Fehler zuzugeben, wir nehmen eine Opferrolle ein. Voller Strenge und Härte haben wir uns in ein winziges Leben eingesperrt.

DAS TABU liegt in allem, was belastend oder bedrückend wirkt. Menschen, die unter diesem Mond geboren sind, zeigen oftmals Symptome wie Verdauungsstörungen, Allergien und Atemnot, manchmal leiden sie auch unter Asthma.

DER PRIAPOS IN DEN FISCHEN zeichnet ein Universum mit fließenden Grenzen. Alles ist in Bewegung, wir schwimmen in zwei Wassern, lassen uns von der Strömung treiben und folgen unserem Instinkt. Wir wünschen uns ein Leben ohne feste Vorgaben. Wir sind offen, tolerant, manchmal auch nachlässig. Auch bezogen auf uns selbst können wir schwer Grenzen ziehen, wir sind uneingeschränkt für andere da. Das Risiko besteht darin, sich hinter diesen stets offenen Türen zu verlieren, indem wir immerzu auf andere eingehen, ihnen zuhören und beistehen. Man findet uns selbstlos und offenherzig – dies führt leider manchmal dazu, dass wir ausgenutzt werden.

○ Schwarzer Mond in der Waage – Priapos im Widder: Trägheit vs. Tatendrang

Der Schwarze Mond in der Waage steht für das Streben nach Schönheit. Wir sind gerne von Menschen umgeben und freuen uns, wenn andere unsere Aufmerksamkeit und unsere Zuneigung suchen. Wir tragen unsere Empfindsamkeit und Kunstliebe nach außen. Wir sind im Leben reich beschenkt worden, denn es genügte, die Hand auszustrecken. Hier setzt dann aber auch unser durch Eitelkeit vorangetriebener Fall ein: Wir haben verlernt, dass Anstrengung Freude machen kann, wir ruhen uns auf dem Erreichten aus und bleiben untätig. Unsere Umgebung hat aufgehört, für uns zu arbeiten. Geleitet vom schnellen Vergnügen sind wir

nach und nach in eine Trägheit abgerutscht, die in die totale Abhängigkeit geführt hat.
DAS TABU entsteht aus der Angst, von den Menschen, die wir lieben, abgelehnt zu werden. Unsere Liebesbeziehung ist fordernd, wir leben in der ständigen Furcht, verlassen zu werden. So unterwerfen wir uns Substanzen und Personen mit toxischen Eigenschaften. Die körperliche Abhängigkeit ist eine konkrete Bedrohung.
DER PRIAPOS IM WIDDER nutzt das Feuer seines Zeichens, um überall, wo es möglich ist, Taten anzustiften. Wir meiden nachlässiges Verhalten und jede Form der Abhängigkeit. Wir leben, um die Dinge voranzutreiben, wir bringen uns, ohne zu zögern, ein – mit viel Zeit und großem Engagement. Unsere Mitmenschen begeistern diese überbordende Tatkraft, unsere schonungslose Offenheit und die Gabe, Berge zu versetzen. Die innere Angst, von geliebten Menschen im Stich gelassen zu werden, ist uns geblieben. Wir brauchen daher viel Zeit und Vertrauen, um in eine Beziehung zu investieren. Das Gefühl, emotional abhängig zu sein, lässt uns die Flucht ergreifen. Wir müssen ein Gleichgewicht zwischen Freiheit und Struktur finden, damit eine Bindung gelingt.

○ Schwarzer Mond im Skorpion – Priapos im Stier: Unterwerfung vs. Verwurzelung

Der Schwarze Mond im Skorpion hat uns zu einem geheimnistragenden Wesen werden lassen. Unser Charisma wurde durch die mehr als normale Fähigkeit befördert, uns mit der unbewussten Welt zu verbinden. Unsere außergewöhnlichen psychischen Eigenschaften haben uns zur Schamanin, Hexe oder Heilerin werden lassen. Die Magie, die esoterische Welt und die Suche nach dem Kreislauf des Lebens haben uns angespornt, immer weiterzugehen – im Äußersten hat dies zur Unterwerfung unserer »Jüngerinnen« geführt. In dieser düsteren Zone kam es zum Untergang unseres Mondes: Wir haben Verführung und psychologische Kunstfertigkeit genutzt, um andere zu manipulieren und Einfluss auszuüben.
DAS TABU gründet in diesem Missbrauch des anderen, der unseren karmischen Weg befleckt hat. Seitdem verfolgt uns die Angst davor, selbst manipuliert zu werden.
DER PRIAPOS IM STIER entwickelt eine unbeugsame Kraft, eine große Stabilität und eine gradlinige Persönlichkeit. Wir meiden jede Form von Einflussnahme. Fern aller Mystifizierungen besitzen wir ein natürli-

ches Einfühlungsvermögen und eine gute Intuition, die wir in den Dienst unserer Mitmenschen stellen. Unter den Sternzeichen ist dies der am stärksten verwurzelte Schwarze Mond, er schwingt im Rhythmus der Erde. Oftmals treten wir daher für sie ein: Wir möchten die Welt verbessern und zu einem schöneren Ort machen, daher rufen wir Projekte ins Leben, die Menschen verbinden, und stellen uns dabei selbst nicht in den Vordergrund. Unser Elan wird sehr geschätzt, doch er ist auch schnell erschöpft, da wir nur schwer nein sagen können. Unsere Hingabe ist beispiellos, niemals unaufrichtig und ohne jeden Hintergedanken. Wir schützen uns vor undurchsichtigen Persönlichkeiten.

○ Schwarzer Mond im Schützen – Priapos im Zwilling
Mystizismus vs. Vernunft

Der Schwarze Mond im Schützen kennzeichnet eine Persönlichkeit mit hohen Idealen. Wir haben uns beständig Fragen über das Leben und das Göttliche gestellt. Von einem humanistischen Weltbild getragen, haben wir uns der Wissensvermittlung verschrieben. Unser Glaube hat uns die Rolle einer erleuchteten Ratgeberin einnehmen lassen. Doch durch den Blick in die Tiefen der Mystik haben wir den Realitätssinn und die Fähigkeit zur Selbstkritik verloren. Von charismatischen Mentorinnen sind wir zu engstirnigen Despotinnen geworden, wir haben uns dem Verlangen nach Bewunderung und bedingungsloser Gefolgschaft unterworfen. Aber dann wendete sich das Blatt und die, die uns anhimmelten, warfen anschließend mit Steinen nach uns.
DAS TABU besteht im Mangel an sozialer Anerkennung und der Unfähigkeit, unseren Platz in einer Gemeinschaft zu finden. Unser physischer Schwachpunkt sind die Beine.
DER PRIAPOS IM ZWILLING konstruiert eine kenntnisreiche Persönlichkeit, die ihr Wissen mit Gespür mitteilen kann. Wir sind rational, kommunikativ, offen, wir haben Lust zu lernen und das Erlernte weiterzugeben – jedoch in einem klar abgesteckten Rahmen. Wir stützen uns auf das, was man sehen und anfassen kann. Wir misstrauen Menschen, die zu viel und zu laut reden. Im Gegenentwurf zu dieser Aufdringlichkeit möchten wir eine Insel der Toleranz und Weltoffenheit schaffen.

○ Schwarzer Mond im Steinbock – Priapos im Krebs: Misstrauen vs. Wohlwollen

Der Schwarze Mond im Steinbock deckt auf, wie weise wir waren, wie sehr wir einst Ernst, Bildung und Vernunft verkörpert haben. Als intelligente und gelehrte Persönlichkeiten konnten wir schwer ertragen, wenn wir infrage gestellt wurden. Unsere Sünde war der Hochmut, wir haben einen Überlegenheitskomplex entwickelt. Für den Rest der Welt hatten wir irgendwann nur noch Verachtung übrig, sind tyrannisch geworden und haben uns isoliert. Der Schmerz aber bleibt: Jene, die wir abgeurteilt haben, sind zugleich jene, deren Bewunderung wir ersehnen.
DAS TABU liegt also in der Furcht vor Ablehnung und dem Nichtverständnis gesellschaftlicher Codes. Physische Erscheinungen dieses Mondeinflusses sind Rückenschmerzen, HNO-Infektionen und eine ausgeprägte Kälteempfindlichkeit.
DER PRIAPOS IM KREBS bringt das erforderliche Yin, um diesen Fels zu erweichen. Mit unserem großen Einfühlungsvermögen fällt es uns leicht, für andere zu sorgen, ihnen zuzuhören, ihren unsere Zuwendung und unsere Zeit zu schenken. Es kommt vor, dass wir uns auch um ihre materiellen Bedürfnisse kümmern. Mit stets offenen Armen sind wir anderen eine Stütze, wir müssen aber aufpassen, uns nicht aufzudrängen und nicht zu stark in das Leben anderer einzugreifen.

○ Schwarzer Mond im Wassermann – Priapos im Löwen: Außenseitertum vs. Geselligkeit

Der Schwarze Mond im Wassermann offenbart anfangs eine humanistische, ja erleuchtete Persönlichkeit. Mit einem besonderen Blick für die Zukunft brachten wir Projekte voran, die dem Wohl aller dienten. Aber dieser Tatendrang führte dazu, dass wir uns absetzten und isolierten. Wir hatten nur das Ziel im Kopf, die Methoden waren uns unwichtig. Widerspruch oder Unverständnis ließen wir unbeachtet. Wir waren bereit, die Welt ganz allein auf den Kopf zu stellen. Am Ende näherten wir uns dem Wahnsinn an. Hier entwickelt sich das Tabu: Als unverstandene Visionärinnen haben wir uns zu Außenseiterinnen gemacht.
DAS TABU steckt in der Angst, in den Wahnsinn abzugleiten. Menschen, die leiseste Anzeichen des Wahnsinns zeigen, weichen wir sofort aus. Im Schwarzen Mond des Wassermanns tauchen körperliche Probleme auf, die mit dem Nervensystem zusammenhängen.

DER PRIAPOS IM LÖWEN gibt uns einen Platz inmitten der Gemeinschaft. Wir wissen um unsere persönliche Ausstrahlung und handeln dementsprechend. Man schätzt unsere Beständigkeit und solidarische Einstellung. Wir erhalten maßvolle Bewunderung, die uns zuversichtlich stimmt. Wir vermeiden Situationen, die das gewohnte Schema übersteigen, und bewegen uns in einem begrenzten, beherrschbaren Rahmen.

○ Schwarzer Mond in den Fischen – Priapos in der Jungfrau: Wahnsinn vs. Beherrschung

Der Schwarze Mond in den Fischen ist auf der Suche nach dem Mystischen und Göttlichen. Unsere Spiritualität wird geleitet von dem Bedürfnis, achtsam zu leben. Es ist uns gelungen, Brücken zwischen den Welten zu schaffen, da wir als Kanal oder Medium fungierten. Wir bewegten uns auf höheren Ebenen, aber durch den Kontakt zu anderen Sphären haben wir den Wirklichkeitssinn verloren und uns der Welt entfremdet.
DAS TABU liegt im Orientierungsverlust und im Wahnsinn, es besteht eine Tendenz zum Konsum von Substanzen, die uns in irrationalen Welten verharren lassen. Wir sind überwältigt von etwas, das größer ist als wir. Uns ist es nicht gelungen, diese Macht zu beherrschen.
DER PRIAPOS IN DER JUNGFRAU holt uns auf die Erde zurück. Wir schätzen Genauigkeit und ein kluges Vorgehen. Wir sind für andere da, nun aber in materieller und pragmatischer Hinsicht. Wir sind Helferinnen und im sozialen oder humanitären Bereich tätig, wo wir uns um Organisation und Schulung kümmern. Unsere Bescheidenheit und Aufrichtigkeit bringen uns Komplimente aus unserer Umgebung ein. Wir sind die, auf die man zählen kann. Die für Ordnung sorgen und Rat geben können, ohne sich dessen zu rühmen. Alles in allem sind wir froh, den für uns richtigen Platz gefunden zu haben.

UNSERE REISE MIT DEM MOND

Der Mond ist ein faszinierendes Gestirn, er kann uns besänftigen und wiegen, aber auch kräftig durcheinanderrütteln, indem er unsere Seele offenlegt. Seine zyklische Kraft verbündet sich mit anderen Einflüssen, mit den Energien der Jahreszeiten, der Pflanzen und der großen weiblichen Archetypen. Im energetischen Jahresablauf beginnend mit dem Monat März lehrt uns der Blick auf Neumond und Vollmond, diese als Verbündete zu gewinnen. Auf diese Weise vertiefen wir unsere Selbsterfahrung und unsere Wahrnehmung der Welt. Außerdem bereichern wir unser Leben um alte Riten, denn jedes große Mondportal lässt sich durch ein Ritual begleiten. Dieser Pfad aus Licht und Schatten öffnet eine Quelle in uns, eine Quelle des Entdeckens und Fragens, eine Quelle der Heilung, der Weisheit und des Verständnisses. Wir kehren zu unserer ursprünglichen »Wildheit« zurück.

○ Der monatliche Vollmond und Neumond

Jeden Monat erfahren wir die mit dem Vollmond verbundenen Energien, es ist eine Phase der Kraft, der Dankbarkeit und der Träume. Wir laden uns neu auf. Der Neumond dagegen ist eine Phase der Reinigung, des Neuanfangs, der Offenlegung unserer Intentionen. Alles ist Energie, und wir weichen nicht von dieser Regel ab.

Durch Meditation und Mantras können wir die lunaren Energien an unsere Chakren binden. Die sieben Chakren liegen entlang eines »Kanals«, der vom Damm bis zum Scheitel verläuft. *Chakra* ist Sanskrit und bedeutet »Rad«. Die kleinen kreisenden Spiralen sind Portale, durch die Energien fließen. Sie sind Grundlage der ayurvedischen Medizin, die sich wie die chinesische Medizin auf energetische Kreisläufe stützt. Das Muladhara oder Wurzelchakra liegt in der Dammregion; das Svadhisthana oder Sakralchakra befindet sich oberhalb der Schamgegend und drei Fingerbreit unterhalb des Bauchnabels; das Manipura liegt am Solarplexus; das Anahata ist das Herzchakra und befindet sich auf der Brustmitte; das Vishuddha ist das Halschakra; das Ajna ist das Stirnchakra oder das Dritte Auge und befindet sich kurz oberhalb der Augenbrauen; und das Sahasrara oder Kronenchakra schließlich liegt als siebtes Hauptchakra am Scheitel, also auf dem Oberkopf. Durch die monatliche energetische

Analyse können wir uns auf die großen Mondeinflüsse einlassen und lernen die Kräfte kennen, die unsere innere Welt und unsere äußeren Beziehungen bewegen.

○ Der Hexenmond

Diese symbolische Dekodierung der monatlichen Vollmonde bezieht sich auf die neuheidnische Wicca-Religion, die sich auch als »Religion der Hexen« sieht. Sie beinhaltet schamanische Themen wie den Glauben, dass Dinge der Natur beseelt sind. Die Energien dieser Bewegung ermuntern zur Spiritualität und räumen der Poesie und Vorstellungskraft großen Platz ein. Die Wicca-Philosophie lehnt sich an heidnische Bräuche an und erstrebt ein Leben in Einklang mit dem Göttlichen und der Natur. Begründet wurde die Bewegung in den 1950er-Jahren in England von Gerald Gardner, seitdem wurde sie vor allem in feministischen Milieus in den USA weitergeführt. Sie steht für einen freien Glauben ohne Dogmen, die Rituale sind sehr gegenwärtig und voller Respekt vor der Erdenmutter. Wie der Schamanismus eröffnet die Wicca-Religion ein neues Feld zur Erforschung des Weiblichen, es geht um die Suche nach Unabhängigkeit und Kraft – nicht, um diese gegenüber unserem Umfeld auszuüben, sondern um ein starkes und authentisches Leben zu führen.

○ Heidnische Feste: Die acht Höhepunkte des Jahres

Der Mond war der erste zeitliche Bezugspunkt der Menschheit, seine Zyklen ermöglichten es den Erdbewohnern, sich in Gesellschaften zu organisieren. Die zur praktischen Zeit gewordene kosmische Zeit bildete die Grundlage für heidnische Zeremonien und Landwirtschaft.

Die Jahreszeiten rhythmisieren unser Leben. In der heidnischen Tradition gibt es drei Hochzeiten, die mit Festen begangen werden und im »Jahresrad« verortet sind. Dieser Jahreskreis unterteilt sich folgendermaßen: Die Sommersonnenwende (Litha) und die Wintersonnenwende (Jul) sowie die Tagundnachtgleichen im Frühling (Ostara) und im Herbst (Mabon) sind die grünen oder kleinen Sabbate. Zwischen ihnen reihen sich die großen oder weißen Sabbate ein, die »Feuerfeste« namens Samhain (Nacht zum 1. November), Beltane (Nacht zum 1. Mai), Lughnasadh (1. August) und Imbolc (1. Februar). Diese acht Feste als Punkte im Jahreskreis folgen den ebenso zyklisch angeordneten acht Mondphasen.

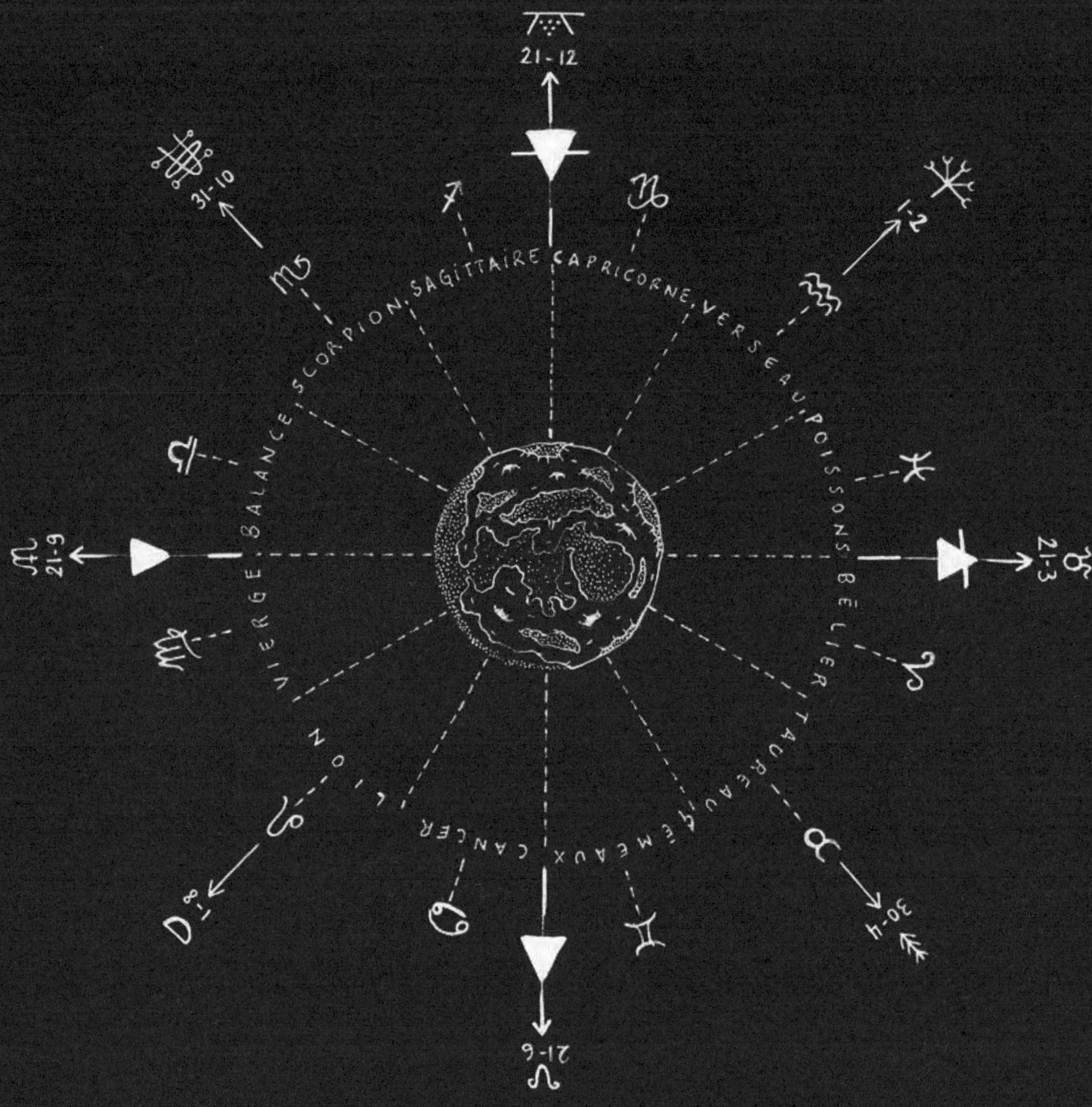

JUL
IMBOLIC
OSTARA
BELTANE
LITHA
LUGHNASADH
MABON
SAMHAIN

Jul entspricht der Neumond-Phase, Imbolc fällt auf den zunehmenden Viertelmond, Ostara auf den zunehmenden Halbmond, Beltane auf den zunehmenden Dreiviertelmond, Litha auf den Vollmond, Lughnasadh auf den abnehmenden Dreiviertelmond, Mabon auf den abnehmenden Halbmond, Samhain auf den abnehmenden Viertelmond – womit wir zu Jul und dem Neumond zurückkehren.

○ Beseelte Pflanzen

In diesem Buch möchte ich jedem Mond eine Pflanze und deren Energie zur Seite stellen. Mit ihrer Angleichung an den Lauf der Jahreszeiten besitzen Kräuter eine starke Verbindung zur Natur, aber auch zur kollektiven Erinnerung. Sie lassen die Frauen und Männer, Kräuterkundler und Hexen in Erscheinung treten, die sich der Kraft der Vegetation schon immer bewusst waren. Von Priesterinnen über Schamanen zu Druiden: Sie alle haben die geheiligte Pflanzenwelt respektiert und verehrt und sie für ihre heilende Gabe und für ihre Rituale genutzt.

Die Anwendung medizinischer und aromatischer Kräuter oblag oftmals Frauen, die bei alltäglichen Beschwerden wie bei lebensbedrohlichen Zuständen von allen gesellschaftlichen Schichten konsultiert wurden. Die Kräuterkundige schlechthin war Hildegard von Bingen (1098-1179), zugleich Äbtissin, Universalgelehrte, Visionärin, Lithotherapeutin und Musikerin. Erst Ende der 1970er-Jahre wurde die wohl bedeutendste Frau des Mittelalters wiederentdeckt, 2012 erhob man sie zur Kirchenlehrerin. Ihre faszinierenden Schriften sind heute weit verbreitet und tragen zum Aufleben der Pflanzenmedizin bei. Als hätte Hildegard von Bingens Tod das Schicksal der Frauen besiegelt, markiert das Ende der 12. Jahrhunderts einen Wendepunkt in der Menschheitsgeschichte: In Europa wurden die ersten Scheiterhaufen entzündet, und sie sollten erst 600 Jahre später wieder erlöschen. Diese finstere Zeit hat gezeigt, welch irrationale Angst die Gesellschaft gegenüber jenen Frauen hegte, die nun gezwungen waren, ihre Kräuterkenntnisse für sich zu behalten oder im Geheimen weiterzugeben. Wenn wir heute an ihr Wissen anknüpfen, können wir ein Stück dieser vernichteten Kraft zurückgewinnen. Die Pflanzen, von denen hier die Rede sein wird, sind alle im Handel erhältlich. Wer lieber selbst auf Kräutersuche geht, sollte dafür abgelegene Ort wählen, fernab von Straßen, Siedlungen und von womöglich chemisch behandelten Feldern. Auch sind die Mondphasen und Ephemeriden zu beachten, damit Blätter, Blüten und Wurzeln zum richtigen Zeitpunkt, also bei maximaler energetischer Aufladung, gesammelt werden. Kräuter erntet man am besten immer bei steigendem Mond (ein Hinweis, den man beim Gärtnern meist nicht beachtet). Die gesammelten Exemplare sind mit Vorsicht und Demut zu behandeln, und ich rate dazu, die Kräuter auf möglichst natürliche Weise zu konsumieren, also als Inhalation oder Tee. Ihre Verwendung darf nicht leichtfertig erfolgen, sie dürfen nicht ohne medizinischen Rat verabreicht werden, vor allem nicht Kindern, Schwangeren, stillenden Müttern oder älteren Personen. Keinesfalls können die von mir empfohlenen Pflanzen eine medizinische Behandlung ersetzen.

○ Weibliche Archetypen

Auf meinem in diesem Buch vorgestellten Weg weise ich auf weibliche Archetypen hin, die jeweils aus verschiedenen Kosmogonien, aus den Mythologien der griechischen oder ägyptischen Antike oder auch aus indianischen, keltischen, afrikanischen und südafrikanischen Kulturen stammen. Mit ihrer jeweiligen Energie spiegeln diese Göttinnen die Kräfte des Monats, den sie verkörpern. Über ihr universelles Motiv werden sie zu Wegweiserinnen, die uns Pfade der Entwicklung und Transformation eröffnen. Sie bilden eine Brücke zwischen unserer kollektiven Mythologie und unseren individuellen Existenzen; sie ermuntern uns, ihre Eigenschaften und Kräfte anzuwenden, um unsere Erweckung voranzubringen und entscheidende Etappen unseres Lebens zu meistern.

Jede Mondgöttin repräsentiert eine besondere Energie, und so zeigt uns die Beschäftigung mit diesen Archetypen jeden Monat eine neue Facette unserer Weiblichkeit auf: Wir sind kreativ, intuitiv, weise, inspirierend, hellsichtig, mächtig, durchsetzungsstark, mütterlich, wild, anspornend. Wenn wir die verschiedenen Archetypen in unsere Rituale einbinden, können wir die Verbindung zu ihnen stärken und ihre Eigenschaften wie familiäre Einflüsse, als Ankerpunkt und Kraftquelle, in unser Leben aufnehmen. So bietet sich uns die Möglichkeit, unsere spirituellen Anteile zu entfalten und aus dem brodelnden Kessel der überlieferten Mythen zu schöpfen.

○ Rituale

Das Ritual ist ein physischer und zeitlicher Raum, den wir öffnen, um einer Intention Gestalt zu geben. Wir zelebrieren einen Übergang, eine persönliche Entwicklung oder eine Heilung, wir erden uns, wir zeigen uns dankbar. Es handelt sich um einen psychomagischen Akt, der uns hilft, unsere Absichten in der Wirklichkeit und dem Moment zu verankern. Wie feiern damit unsere spirituelle Anbindung. Bei unseren Mondritualen tragen Kerzen oder Räucherwerk zur Magie des Augenblicks bei und helfen uns, unser Ziel zu fokussieren. Diese Zeremonie kann sehr einfach gestaltet sein, sie geschieht in der Absicht, uns symbolisch von unserem Tagesablauf, unseren Gedanken und Gewohnheiten abzukoppeln, auf dass wir einen geheiligten Raum betreten, in dem die Sprache und die Intention einen tieferen Sinn und eine größere Tragweite gewinnen. Bauen wir uns einen eigenen kleinen Altar, auf dem wir Gegenstände – Steine, eine Muschel oder Blumen – versammeln, die uns bei der nötigen Verankerung unterstützen. Bei jedem dieser Rituale öffnen wir unseren geheiligten Raum und machen uns damit bereit für den Empfang von Energien, die durch die vier Elemente symbolisiert werden. Für den Bezug auf das Wasser können wir beispielsweise Quellwasser in eine Schüssel gießen, für das Feuer zünden wir eine Kerze an, für die Luft verbrennen wir reinigende Essenzen (Kräuter, Salbei, Palo Santo, d.h. »heiliges Holz« …), für die Erde suchen wir uns einen Stein oder eine Pflanze. Am Ende eines jeden Rituals schließen wir unseren geheiligten Raum, danken den wegweisenden Kräften und der anwesenden Energie und löschen die Kerzen.

Mondrituale zum Vollmond oder Neumond lehren uns eine harmonische Anbindung an die Energien dieser besonderen Phasen. Auf diese Weise festigen wir unsere Verbundenheit mit dem Nachtgestirn und verankern unser Denken in der Gegenwart. Wir spüren, wie wir mit allem verbunden sind. Wir haben Gelegenheit, Absichten und Fragen zu formulieren, wir können danken, preisen und heilen. Jede von uns wird den für sie passenden Weg finden, der sie ihren langgehegten Erwartungen näherbringt.

Der Reichtum dieser Rituale besteht zum Teil auch darin, dass sie zu mehreren vollzogen werden können, man kann sie unterteilen, neu ordnen und wiederholen. Die besten Rituale sind jene, die man sich selbst aneignet, denn sie besitzen eine tiefe Resonanz, sie schenken Freiraum und Selbstbestärkung.

MÄRZ

NEUBEGINN

März ○ Vollmond

Wiedergeburt

Der Märzmond stärkt unsere Selbstbejahung. Jetzt ist der Moment, um neue Projekte anzugehen. Wir schreiten zur Tat und befreien uns von allem, was wir nicht mehr wollen oder brauchen. Lasst uns unser Potenzial enthüllen und ganz wir selbst sein. Klären wir unsere Absichten, haben wir Zutrauen und guten Willen. Was wir jetzt ins Auge fassen, wird unsere Wiedergeburt unterstützen. Diese Vorarbeit ist absolut wichtig, denn sie schafft das Fundament für unsere Zukunft. Der Märzmond will uns helfen, einen Aktionsplan für die kommenden neun Monate des Jahres zu entwerfen. Überlegen wir uns Neuanfänge und suchen wir nach entsprechenden Handlungsweisen, erstellen wir eine Rangfolge und einen Zeitplan für unsere Projekte – planen wir! Als letzter kalter Mond öffnet uns der Märzmond gegenüber der zunehmenden Energie des Frühlings, dessen Kraft aus der Tiefe nach oben steigt wie der Saft in den Bäumen. Die starken Erdenergien fordern uns auf, in uns zu gehen und unsere Schattenseiten zu beleuchten. Bringen wir Licht ins Dunkel. Die Suche nach innerer Wahrheit will vorbehaltlos gelebt werden. Der Frühling als Symbol des Neuanfangs und der Geburt ist außerdem die ideale Jahreszeit, um körperliche Aktivitäten zu starten und die Grenzen unseres Körpers neu auszuloten.

Seien wir also tätig, machen wir unsere Erde fruchtbar, indem wir uns von der Energie des Moments tragen lassen. Sie sorgt dafür, dass wir uns dem Außen zuwenden, dass wir aus unserer Komfortzone treten und reinen Tisch machen mit allem, was uns in der dunklen Phase des Winters im Wege stand. Um uns ganz in die aufsteigende Bewegung hineinzubegeben, sollten wir uns gut verankern und können dies vor allem tun, indem wir unser Wurzelchakra öffnen. Ganz praktisch können wir mit dem berühmten »Frühjahrsputz« beginnen, der ja auch für einen Neubeginn steht.

DAS MULADHARA-CHAKRA oder Wurzelchakra liegt auf der Höhe des Damms. Meditieren wir mit dem Mantra des März-Vollmonds und konzentrieren wir uns auf dieses erste und unterste Chakra, damit sich sein rotes Leuchten verstärken und ausbreiten kann.
DAS MANTRA »Ich nehme meinen Körper und seine Bedürfnisse bewusst wahr, ich höre und beachte sie.«

DIE INTENTION Ich begebe mich in einen neuen Kreislauf der Kraft und spüre die zunehmende Energie. Ich lege den schweren Wintermantel ab und nehme das frische Licht des Moments in mich auf.

DAS REINIGUNGSRITUAL

Für dieses Ritual benötigen wir ein recht große Wasserschale, Löwenzahn oder ein reinigendes ätherisches Öl (Sandelholz, Zeder, Lavendel, Weihrauch, Salbei).

Öffnen wir unseren geheiligten Raum.

Visualisieren oder betrachten wir den Mond. Nehmen wir uns Zeit, auf unsere Atmung zu achten, spüren wir bewusst, wie wir einatmen und ausatmen. Legen wir dabei unsere Hände auf die Herzgegend. Suchen wir Kontakt zu Artemis, auf dass sie uns den Weg zur inneren Kraft weist.

Gießen wir Wasser in unsere Schale, fügen wir die Blumen oder das Öl hinzu und warten wir einige Augenblicke, während derer wir unseren Reinigungswunsch formulieren. Er könnte zum Beispiel lauten: »Großer Mond, mithilfe dieses Wassers lasse ich mich von dir reinigen.«

Wenn wir bereit sind, tauchen wir die Hände ins Wasser und waschen sie, wobei wir aussprechen, wovon wir »gereinigt« werden möchten.

Zum Ende des Rituals danken wir dem Mond und schließen unseren geheiligten Raum.

März ● Neumond

Intuition

Dieser Mond widmet sich der Kraft unserer spirituellen Verbindungen und der Entfaltung unserer Intuition. Nutzen wir also die Hinwendung zu unserer inneren Welt, um unsere Intentionen zu klären. Achten wir auf die Zeichen, die uns vor, während und nach diesem Neumond gesendet werden. Diese Phase eignet sich besonders für die Meditation in der Natur. Schöpfen wir am Herzen der Erdenmutter neue Kraft, lassen wir ihren Gesang in uns tönen und werden wir zum Instrument der verborgenen Nachrichten, die sie aussendet. Finden wir zu unserem tiefen Wesen, indem wir barfuß laufen, nehmen wir ein Waldbad, sprechen wir mit den Bäumen. Jetzt ist der passende Moment für eine Ökotherapie: Nutzen wir die Kräfte der erwachenden Natur. Entdecken wir uns neu, wecken wir die Wilde in uns, die über eine starke Intuition verfügt und alle Sinne benutzt. Riechen, schmecken, hören, sehen, berühren wir, schärfen wir unsere Aufmerksamkeit. Das Erwachen unseres Dritten Auges geschieht über den körperlichen Bezug zur Welt, ohne ihn können wir unsere spirituelle Entfaltung nicht leben. Stadtbewohnerinnen können gerne ihr Zuhause mit Pflanzen schmücken, die einen ebenso wohltuenden Effekt haben.

DAS AJNA-CHAKRA ist unser Drittes Auge, es ist Zentrum der Intuition und befindet sich auf der Mitte der Stirn zwischen den Augenbrauen. Meditieren wir mit dem Mantra des März-Neumonds und konzentrieren wir uns auf dieses sechste Chakra, damit sich sein indigoblaues Leuchten verstärken und ausbreiten kann.
DAS MANTRA »Ich öffne den mir innewohnenden schöpferischen Visionen die Tür, ich lasse sie in mir strahlen.«
DIE INTENTION Ich entwickle meine Intuition im Kontakt zur Natur und erneuere so mein Dasein.

DAS RITUAL: AUTOMATISCHES SCHREIBEN

Hierzu benötigen wir Glöckchen, ein Glockenspiel oder eine tibetische Klangschale, dazu Papier und Stift.
Öffnen wir unseren geheiligten Raum, entzünden wir bei Einbruch der Nacht oder vor Morgengrauen eine Kerze (eine weiße als Zeichen der Spiritualität oder eine grüne für das Element Erde).
Lassen wir unsere Instrumente ertönen, bis sich die Luft mit ihrem Klang gefüllt hat. Spüren wir, wie unser Körper von den Schwingungen erfasst wird.
Laufen wir barfuß – am besten in der Natur, durch Gras, über den Erdboden oder durch Sand. Verbinden wir uns mit der Erde, spüren wir, wie sich unser Wurzelchakra öffnet. Die Energie steigt unser Rückgrat empor, bis sie sich in unserem Dritten Auge ausbreitet.
Wenn uns danach ist, können wir jetzt zu Stift und Papier greifen und unser Hand intuitiv schreiben lassen.
Diese so entstehenden intuitiven Botschaften sollten wir aufbewahren, denn sie enthüllen unsere tiefsten Bedürfnisse. In einigen Monaten können wir sie nochmals lesen, um zu sehen, welchen Weg wir zurückgelegt haben werden.
Zum Ende des Rituals löschen wir die Kerze und schließen unseren geheiligten Raum.

März ○ Hexenmond

Rabenmond ☆ Saftmond

EIN NEUER ZYKLUS BEGINNT

Als letzter kalter Mond des Jahres trägt dieser Vollmond zugleich die Innerlichkeit des Winters und das Versprechen der frühjährlichen Erneuerung in sich. Die Samen, die wir über Monate gehütet haben, sind nun bereit, eingepflanzt zu werden. Wir sprechen daher vom »Saftmond«, denn er steht in Symbiose mit der frisch anbrechenden Jahreszeit.

Der März-Vollmond heißt auch »Rabenmond«: Laut der Wicca-Religion verkörpert der Vogel die Magie des Lebens im Kreislauf von Geburt und Tod. Die Beschäftigung mit diesem Mond führt uns dahin, die Idee einer Wiedergeburt im eigenen Leben zu denken – dann nämlich, wenn wir eine tiefgreifende innere Wandlung einleiten. Der Rabe steht mit dem Element Luft in Verbindung, er schenkt Abstand und Höhe und erlaubt uns, die Situation im Ganzen zu überblicken. Er lässt uns die Vergangenheit annehmen und die Zukunft vorausahnen. Der Rabenmond führt uns auf den Weg der Heilung: Es ist ein Rückzug erforderlich, um uns unseren Ängsten zu stellen und unsere Schattenbereiche mutig zu durchschreiten, um Erleuchtung zu erlangen. In zahlreichen Kulturen gilt der Rabe als Beschützer, denn er warnt vor drohenden Gefahren und ist zugleich ein Botschafter der Hoffnung, er ist Schattenreisender und Lichtbringer.

Im Licht des Rabenmonds, an unserem Ort der Sammlung, bitten wir um seinen Schutz und fragen uns: Wie möchten wir den neuen Jahreszyklus beginnen? Welche Kraft aus der Vergangenheit benötigen wir, um voranzukommen, von welchen Einflüssen möchten wir uns freimachen?

März ○ Heidnisches Fest

Ostara

TAGUNDNACHTGLEICHE AM 21. MÄRZ

Die frühjährliche Tagundnachtgleiche am 20. oder 21. März kündigt die Rückkehr des Lichts an. Nach der winterlichen Jahreszeit, die ja eine Phase der Innerlichkeit darstellte, steigen nun die Naturkräfte aus der

Tiefe empor. Die Erde erwacht, frischer Saft fließt in Bäume und Blumen, der Gesang der Vögel schwillt an. Diese Verwandlung bringt Fruchtbarkeit und Kreativität. Absichten, die wir in der dunklen Zurückgezogenheit des Winters gefasst haben, nehmen nun Sinn und Form an. Wenn wir dieses energetische Portal durchschreiten, begeben wir uns in den Frühling, für den sich unser Körper schon seit einigen Wochen bereitgemacht hat. Als Eingangspforte zur neuen Jahreszeit und zugleich dessen Sinnbild symbolisiert die Tagundnachtgleiche das Erwachen.

Seit frühester Zeit wird der bedeutungsvolle Moment des Jahres, an dem Licht und Schatten, Tag und Nacht, in der Waage sind, durch das heidnische Fest Ostara begangen. Die männlichen Kräfte des Yang und die weiblichen Kräfte des Yin befinden sich ebenfalls im Gleichgewicht. Für diese Phase der Harmonie stehen die Luft und der Wald, ihre Farbe ist das Grün. Ostara – die germanische Wurzel des Wortes erinnert an die Himmelsrichtung »Osten« und steht in Bezug zur angelsächsischen Göttin Eostre, deren Name dann zu *Easter* oder Ostern wurde. Eng mit dem Fest verknüpft ist das Ei, das in vielen Kosmogonien Geburt und neues Leben symbolisiert. Wenn wir diese Energien erkennen, wissen wir, dass nun der richtige Moment gekommen ist, um die Ideen, die wir über die vergangenen sechs Monate ins Auge gefasst haben, konkret werden zu lassen.

SAAT-RITUAL

Hierzu benötigen wir ein Blatt Papier, einen Stift, eine Topfpflanze und einige Samen.

Öffnen wir unseren geheiligten Raum und suchen wir ganz bewusst Kontakt zu den vier Elementen Luft, Feuer, Wasser und Erde.

Beruhigen wir unseren Atem. Nun zeichnen wir eine senkrechte Linie auf das Blatt. Auf die linke Seite schreiben wir in Form von positiven Ermunterungen, von welchen Dingen wir Abstand nehmen möchten; auf die rechte Seite kommt alles, was wachsen und gedeihen soll – Dinge, die wir vorantreiben möchten. Am besten beginnen diese Sätze mit: »Ich wünsche mir neuen Mut für …« oder »Möge … gedeihen«.

Wenn wir fertig sind, nehmen wir genauso viele Samen, wie wir Vorsätze gefasst haben, legen diese auf unser Papier und falten sie darin ein. Das gefaltete Papier kommt dann an einen Ort, an dem es Kontakt mit Erde hat: Wir können es unter einen Blumentopf legen oder – falls ein Garten vorhanden ist – in einem Beutelchen direkt ins Beet stecken. Dort verbleibt es bis zum nächsten Vollmond.

Schließen wir unseren geheiligten Raum.

Beim nächsten Vollmond öffnen wir unseren geheiligten Raum und nehmen das Blatt mit den Samen. Nachdem wir noch einmal gelesen haben, was wir uns vorgenommen haben, verbrennen wir das Papier und setzen die Samen nun richtig in die Erde. Dann schließen wir den Kreis.

März ○ Beseelte Pflanze

Löwenzahn

NAMEN Der Gemeine Löwenzahn (*Taraxacum officinale*) wird im Volksmund unter anderem als Butterblume, Kuhblume, Pfaffendistel und Pusteblume bezeichnet.

ER WÄCHST DORT, wo er ein Fleckchen Grün findet: am Wegesrand, am Waldessaum, auf Wiesen und Feldern, in Gärten und Sümpfen und auch in Asphaltrissen in der Stadt.

SEINE EIGENSCHAFTEN Löwenzahn ermöglicht eine Reinigung des Organismus, der ja im Winter oftmals Giftstoffe angesammelt hat – dabei wirkt die Pflanze vor allem über die Leber. Den Namen »Bettseicher« oder gar »Pissnelke« verdankt der Löwenzahn seiner harntreibenden Wirkung, er fördert und erleichtert die Verdauung. Im Verbund mit anderen Pflanzen wie Brennnessel, Holunder oder Mädesüß ist er das ideale Heilmittel für diesen Zeitpunkt des Jahres. Er strahlt Frühlingsenergien aus, unterstützt das Erwachen des Stoffwechsels und sorgt für ein inneres Gleichgewicht.

SEINE SYMBOLIK Die Frühlingspflanze Löwenzahn verkörpert Lebenskraft, denn sie kann sich auch unter schwierigen Bedingungen durchsetzen. Sie steht in enger Verbindung mit dem Kreislauf des Lebens, mit Wiedergeburt und Tod: Die Blätter des Löwenzahns werden im Frühjahr gesammelt, seine Wurzeln im Winter geerntet. Im Frühjahr blüht er sonnengleich mit leuchtend gelber Krone und macht seinem Namen alle Ehre, im Sommer erinnern seine weichen, luftigen Samen an den Mond. Dann erscheint er wie eine Kristallkugel, und wir machen spontan Gebrauch von seiner weissagenden Kraft: Wir pusten auf die silbrige Kugel und lassen die Samen fliegen, um zu erfahren, wie viele Jahre es noch zur Hochzeit dauert oder wie viele Kinder wir bekommen – auf jede Rätselfrage gibt dieses Spiel eine Antwort. Da er im Bund mit dem Element Luft steht, war der Löwenzahn immer auch Opfergabe an die Göttin: Er erweitert und verstärkt seit jeher die Fähigkeit des Träumens und des Hellsehens.

März ○ Weiblicher Archetypus

Artemis

DIE UNABHÄNGIGE UND FREIE FRAU

Die griechische Göttin der Jagd gehört zu den wichtigsten Mondgöttinnen. Zusammen mit der dunklen Hekate und der leuchtenden Selene bildet Artemis die drei Gesichter der Mondfrau. Artemis steht mit der wilden Natur in Verbindung, aus ihr zieht sie ihre Kraft und Dynamik. Als jungfräuliche Göttin wacht sie über die Geburt, über kleine Kinder und vor allem auch über junge Mädchen. Sie symbolisiert Bewegung, Tat, Freiheit und einen unbezähmbaren Willen, der sie oft in die Nähe der Amazonen rückt, mit denen sie die Attribute Bogen und Pfeile teilt. Sie wird jung und athletisch dargestellt, ihre Stirn schmückt ein Halbmond. Sie ist die Göttin der Initiation. Die amerikanische Psychoanalytikerin Jean Shinoda Bolen beschreibt sie als eine Wegweiserin der heiligen Weiblichkeit, für sie verkörpert Artemis den Siegeszug der feministischen Idee, sie steht für die engagierte und aktivistische Frau.

DIE KÄMPFERISCHE GÖTTIN Vergessen wir nicht, dass der März seinen Namen vom Kriegsgott Mars hat. Die Energien dieses Monats verlangen, dass wir unser kämpferisches Potenzial entdecken. Wie die jungen Triebe, die im Frühjahr durch die Erde stoßen, um sich gen Himmel zu recken, verkörpert Artemis wie keine andere Göttin eine treibende Kraft, ein starkes Durchsetzungsvermögen und einen unbändigen Lebenswillen.

Trauen wir uns, diese starke Bärin zu sein – selbstbestimmt, auf sich gestellt, absolut geerdet und eingebunden in die Kreisläufe der Natur, mit dem Mut und der Kraft, sich gegen alle Widerstände zu behaupten. Diese Göttin ist geprägt von dem Bedürfnis nach Schwesterlichkeit und dem Streben nach Gleichheit in der Beziehung zu Männern. Artemis und ihr Zwilling Apollon stehen für zwei Seiten einer Medaille, für die Kräfte von Mond und Sonne. Diese entgegengesetzten, sich ergänzenden Energien tragen wir auch in uns: Wir nutzen sie, um eine genauso kämpferische wie empfindsame Frau zu werden.

Verbünden wir uns mit Artemis, indem wir sie in unsere Rituale und Meditationen einbinden. Sie wird unsere Triebe lenken und unsere männlichen und weiblichen Energien in Einklang bringen. Mit ihr können wir die uralte Wahrheit wachrufen, die in uns vergraben war.

APRIL

FRUCHTBARKEIT

April ○ Vollmond

Stärke

Wir haben »Rosa«-Mond, den ersten Vollmond nach Ostern. Sein Einfluss erstreckt sich vom letzten bis zum darauffolgenden Neumond, nimmt also eine gesamte Mondphase ein. Es ist ein kräftiger und besonders aktiver Mond, der eine starke Wirkung auf uns hat. Wir müssen uns auf intensive äußerliche Schwingungen einstellen.

In dieser Vollmondnacht öffnen wir uns der männlichen Periode des Jahres. Aktivieren wir unseren Tatendrang, lassen wir den Elan aber nicht überkochen. Wir sind ein brodelnder Vulkan und dürfen ruhig einmal die Tränen laufen lassen, wenn der Druck zu stark wird: Sie sind das Wasser, mit dem das schöpferische Feuer eingedämmt wird. Bemühen wir uns, die Dinge überlegt anzugehen, so vermeiden wir eine Überforderung. Unser Körper kann die zusätzlichen Energien nutzen, sie erweitern unsere Sexualität und steigern unsere Kreativität. Jetzt ist besonders unser heiliges Chakra angesprochen. Greifen wir diese Kräfte auf, lassen wir uns von den animalischen Einflüssen tragen, denn sie helfen uns, wir selbst zu werden.

Rund um diesen Mond erwachen Projekte, die unserer neuen Tatkraft entsprechen. Das, was im dunklen Winter angedacht wurde, kann sich nun erfüllen. Wir befinden uns in einer besonders anregenden Phase, in der wir unsere inneren Felder anbauen und den Keim für Veränderungen säen, die unser Leben langfristig beeinflussen werden. Dieser Mond birgt eine Gewalt, die Dinge erfolgreich bewegt, aber auch zerstören kann. Bleiben wir also vorsichtig: Zeigen wir ruhig Feuereifer, aber gehen wir Schritt für Schritt vor, damit unsere Vorhaben nicht in Schall und Rauch aufgehen.

DAS SVADHISTHANA-CHAKRA Das heilige Chakra liegt drei Finger unter dem Bauchnabel, in der Kreuzbeingegend kurz über den Geschlechtsorganen. Meditieren wir mit dem Mantra des April-Vollmonds und konzentrieren wir uns auf dieses zweite Chakra, damit sich sein orangefarbenes Leuchten verstärken und ausbreiten kann.

DAS MANTRA »Ich höre, akzeptiere und respektiere meine Lust.«

DIE INTENTION Ich ehre meinen Körper und meine Seele, indem ich sie pflege. Ich nehme die Energien des Yang auf und offenbare meine Kreativität und meine Sexualität.

DAS RITUAL DER KREATIVEN FRUCHTBARKEIT

Hierzu benötigen wir eine Kerze, ein Blatt Papier und Farben (Tuschkasten, Buntstifte, Filzstifte ...)

Öffnen wir den Kreis. Zünden wir die Kerze an, zu Ehren von Kybele und der mächtigen Erdenmutter.

Beginnen wir damit, unseren Körper jetzt und hier zur Ruhe zu bringen, spüren wir unser Fundament. Atmen wir tief und bewusst. In dieser Nacht wird der runde, helle Mond in uns leuchten.

Stellen wir uns vor, auf unserer Schädeldecke würde sich eine Klappe auftun. Vom Mond fällt nun ein senkrechter goldener Strahl herab, der durch diese Öffnung tritt und bis zu unserer Gebärmutter hinab leuchtet. Von dort haucht er uns seinen Goldstaub ein. Unser Uterus füllt sich mit Licht.

Legen wir die Hände auf den Bauch, spüren wir die wohltuende Wärme. Wenn wir das Gefühl haben, ganz von Licht erfüllt zu sein, lassen wir den Strahl wieder nach oben steigen, bewahren uns aber seine starke schöpferische Kraft.

Nehmen wir Blatt und Malsachen in die Hand, die nicht unsere dominante ist, und beginnen wir ein intuitives Kunstwerk. Genießen wir die ungehinderte Kreativität.

Danken wir dem Mond, danken wir Kybele. Schließen wir den Kreis.

April ● Neumond

Tat

Dieser Neumond öffnet die Tore unserer Selbstverwirklichung. Wir befinden uns mitten im Leben. Besinnen wir uns darauf, welche Richtung wir für unsere persönliche Entwicklung einschlagen wollen. Denken wir über unsere bisherigen Erlebnisse und Erfahrungen nach und überlegen wir, welche Schlüsse und Lektionen wir aus ihnen ziehen. Der Neumond mit seinen zunehmenden Energien drängt uns förmlich zu einem Neuanfang, zu unserer Wiedergeburt. Die Stimmung dieses Übergangs wühlt auf, sie treibt an und kann für Spannungen sorgen, da alle Zeichen auf Neustart stehen. Wir sind nun bereit, unsere Befreiung zu vollenden – wie Phönix, der verbrennt, was nicht mehr ist, und sich aus der Asche dessen, was war, in die Lüfte erhebt. Dieser Neumond drängt uns zur Tat, er will uns lieber in Bewegung als in Gedanken sehen.

Alles, was wir in dieser Phase in Angriff nehmen, deutet darauf hin, wonach wir eigentlich streben. Freuen wir uns an der Möglichkeit,

Schöpferinnen unseres eigenen Lebens zu sein. Nehmen wir die Schwingungen auf, die aus dem Schoß der Erdenmutter aufsteigen. Dank der Verankerung durch unser Wurzelchakra können wir diese Kräfte umwandeln und in unsere persönliche Aktivität fließen lassen. Danken wir uns dafür, dass wir hier und jetzt genau am richtigen Ort sind, nämlich in der energetischen Verlängerung dieses Neumonds. Danken wir uns, dass wir nicht länger im Schatten, sondern endlich im Licht stehen wollen. Unser Körper wird von der Erde getragen und ist bereit, Liebe zu geben und Zuneigung zu zeigen. Dieser sinnliche Moment lässt sich mit der Natur und den uns Lieben teilen.

DAS MULADHARA-CHAKRA oder Wurzelchakra liegt im Bereich des Damms. Meditieren wir mit dem Mantra des April-Vollmonds und konzentrieren wir uns auf dieses erste Chakra, damit sich sein rotes Leuchten verstärken und ausbreiten kann.
DAS MANTRA »Ich bin die Erde. Sie trägt mich, ich trage sie.«
DIE INTENTION Erfüllt von höheren Energien verwirkliche ich mich in einem neuen Selbst, das weder ein komplett anderes noch ganz das gleiche ist.

RITUAL ZUR VEREINIGUNG DER ERDEN- UND MONDKRÄFTE
Suchen wir eine Trommelmusik aus oder nehmen wir selbst eine Trommel zur Hand. Bereiten wir ein echtes oder symbolisches Feuer (etwa mit einer Kerze) vor. Unsere Füße sind nackt.
Öffnen wir den Kreis. Entzünden wir ein Feuer, falls wir in der freien Natur sein können, oder aber eine Kerze, wenn wir im Haus sind.
Rufen wir Kybele, die Göttin der Trance, die uns über ihre Musik mit der Erde verbindet, indem sie diese in Schwingung versetzt. Bitten wir Kybele, uns unmittelbar an unseren Instinkt anknüpfen zu lassen. Wir möchten die Wildheit spüren, für die sie steht.
Legen wir die Hände auf unsere Gebärmutter, nehmen wir Kontakt zu diesem Mond auf. Kosten wir unsere Empfindungen einige Minuten aus. Dann begeben wir uns im Rhythmus der Musik, von lunaren Energien getragen, in einen intuitiven Tanz. Bewegen wir uns vollkommen absichtslos, gedankenlos. Spüren wir nur die Schwingungen und tanzen wir, ohne uns zu sorgen, was um uns herum geschieht. Genießen wir die Freiheit, die uns dieser Mondtanz verschafft.
Danken wir der Erde, danken wir Kybele. Schließen wir den Kreis.

April ○ Hexenmond

Saat ☆ Fisch

ÜBERSCHWÄNGLICHE FRUCHTBARKEIT

Im April feiern wir den Saat- oder Fischmond, der für eine wunderbar fruchtbare Stimmung sorgt. Er steht mit der Saat in Zusammenhang, denn nun ist die Zeit, da neues Grün angebaut wird. Die amerikanischen Ureinwohner sprechen vom »Fischmond« – auch der Fisch symbolisiert ja Fruchtbarkeit und Überfülle und spiegelt die gedeihlichen Energien dieses Monats. Diese von Fruchtbarkeit und Weisheit geprägte Phase bildet den Beginn eines neuen Kreislaufs und bringt bedeutende Veränderungen, die unsere Wandlungsfähigkeit herausfordern. Dieser Mond der Anfänge ermutigt uns, in Aktion zu treten. Durch seine Nähe zum Osten – in dem die Sonne aufgeht – und zum Wasser – dem Element der Fische – verfügt er über eine beeindruckende Regenerationskraft. Unter diesem Mond des Übergangs spielen sich viele fruchtbare Träume ab, die uns einladen, unsere Psyche zu entdecken. Lassen wir uns durchströmen, nehmen wir in unserer vertikalen Position die vom Mond herabsinkenden und die von der Erde aufsteigenden Kräfte in uns auf. Unter dem Schutz dieses Mondes öffnen wir uns allen Möglichkeiten des Jahreszeitenbeginns. Befragen wir unsere Fähigkeit zur Selbsterneuerung: Welchen tief gehegten Wunsch möchten wir beflügeln? Welches Bedürfnis möchten wir ausleben, um unserer Kreativität Raum zu geben?

April ○ Heidnisches Fest

Beltane

30. APRIL

Auf halbem Weg zwischen der frühjährlichen Tagundnachtgleiche und der Sommersonnenwende liegt Beltane, ein bedeutendes Fest unter den Sabbaten des Jahres, mit dem wir den Abschied von der dunklen Jahreszeit begehen. Beltane ist die Walpurgisnacht der Hexen und steht im engen Zusammenhang mit der esoterischen Welt. Die Feier zur Begrüßung des Frühlings war in ganz Europa verbreitet, wurde aber vom

Christentum verurteilt und durch das Fest der heiligen Walburga ersetzt. Seit der Antike markiert das Feuerfest Beltane das Ende des Winters: Wir treten aus unserer Innerlichkeit heraus und befreien uns von unseren dunklen Seiten.

Im Jahresrad gehört dieser Hexensabbat zu den zwei großen magischen Festen: Samhain läutet die dunkle Jahreszeit ein, Beltane beendet sie. Beide sind Phasen einer großen spirituellen Verbundenheit, an denen sich die Pforten zwischen den Welten öffnen. Zum selben Zeitpunkt feiern Buddhisten in aller Welt das Wesak-Fest. Es ist wie eine Segnung der universellen Liebe, die heidnische, christliche und buddhistische Energien zusammenbringt und eine Heilung und spirituelle Verwandlung anstrebt.

Als heidnisches Fruchtbarkeitsfest steht Beltane für die Liebe im Verbund mit den Kräften der Natur, für das Erwachen der Sinne und den Ruf zur Vereinigung der Körper auf höherer Ebene. In der Nacht zum 1. Mai stellt man mancherorts noch heute einen bunten Maibaum auf, als Symbol des Wiedererwachens der Natur. Frauen und Männer haben in dieser Nacht einst fröhliche, sinnliche Feuertänze veranstaltet. In der Wicca-Tradition feiert man in dieser Nacht die Fruchtbarkeit der Göttin und ihre Vereinigung mit dem gehörnten Gott als ursprünglich und naturhaft maskuline Gestalt. Machen wir uns bewusst, wie schöpferisch unsere sexuelle Energie ist, bringen wir die männlichen und weiblichen Pole in uns zusammen. Feiern wir die Kräfte, die in dieser Nacht des Übergangs anwesend sind, entdecken wir unsere Lust, eignen wir uns unsere Sexualität neu an, bejubeln wir die Schöpferkraft unserer Gebärmutter.

RITUAL DER AUFSTEIGENDEN ERDENKRAFT

Wir benötigen eine Schüssel, getrocknetes Mädesüß und einen Krug mit gefiltertem Wasser oder Quellwasser.

Öffnen wir den Kreis.

In die mit Wasser gefüllte Schale legen wir die Mädesüß-Blüten – die »Wiesenkönigin« spielt oft bei Übergangs- oder Initiationsriten eine Rolle, da sie die Möglichkeiten zur Transformation erweitert und das Bewusstsein leichter aufsteigen lässt. Lassen wir die Blüten einige Minuten einweichen.

Atmen wir tief ein und zentrieren unsere Energie. Atmen wir lange aus und verankern wir unseren Körper auf der Erde. Trinken wir einen Schluck des Blütenwassers, um uns zu reinigen. Waschen wir uns damit Hände, Unterarme und Füße.

Konzentrieren wir uns stehend auf einen Punkt am Boden und beginnen wir, singend und tanzend um diesen Punkt zu kreisen. Die Drehung um die eigene Achse lässt Erdenkraft aufsteigen.
Sobald wir diese Energie spüren, hören wir auf zu tanzen, heben die Arme und legen die Handflächen über dem Kopf zusammen. Die Energie steigt auf und verbreitet sich über unsere Fingerspitzen.
Schließen wir den Kreis.

April ○ Beseelte Pflanze

Mädesüß

NAMEN Mädesüß trägt eine Reihe weiterer Namen wie Bacholde, Rüsterstaude, Wiesenkönigin, Federbusch, Spierstrauch, Geißripp oder Waldbart.
ES WÄCHST in Feuchtgebieten, an Seen, am Ufer von Flüssen und Bächen oder an Mooren. Mädesüß findet man in Europa und Asien. Die Blüte dauert von Juni bis September, der ideale Zeitpunkt zur Ernte ist aber die Johannisnacht im Juni, wenn die Energien und Heilkräfte der Pflanze am stärksten sind. Mädesüß verströmt einen sanften Honiggeruch, so verschönert es die Sommertage, begleitet den Wandel und unterstreicht den Neubeginn der Jahreszeit.
SEINE EIGENSCHAFTEN Mädesüß wirkt entzündungshemmend, es lindert Gelenkschmerzen und rheumatische Beschwerden. Es wirkt blutreinigend, harntreibend und schmerzstillend und enthält Derivate von Acetylsalicylsäure, dem Wirkstoff von Aspirin. Sämtliche Pflanzenteile (Blüten, Blätter und Wurzeln) können verwendet werden. Seit der Jungsteinzeit dient es als Aroma für Getränke.
SEINE SYMBOLIK Als heilige Pflanze gehört Mädesüß zusammen mit Wasserminze und Eisenkraut zur traditionellen Kräuterküche der Druiden. Bei Übergangs- und Initiationsriten war Mädesüß unter den Opfergaben, die an Grabstätten niedergelegt wurden. Als Verkörperung des Wandels wurde es oft Jungvermählten gebracht, um deren neue Verbindung zu unterstreichen. Sein leichter Honiggeruch ließ Kleider und Altäre duften. Mädesüß steht in Verbindung mit dem Frühlingselement Luft und dem Element Wasser, denn zu Ehren des Wassergottes sprießt es besonders gern in feuchter Umgebung.

April ○ Weiblicher Archetypus

Kybele

DIE INSTINKTIVE FRAU

Die Göttermutter verkörpert die Natur in ihrer ursprünglichsten, wilden Form: Kybele ist die allmächtige Göttin. Ihre Wurzeln hat sie im Nahen Osten, ihr Kult verbreitete sich in Griechenland und Rom, wo vor allem ihre Aura der Macht und Gewalt erhalten blieb. Die von Löwen aufgezogene Göttin wird in Begleitung von Raubtieren dargestellt. Ihre faszinierende Gestalt machte man zum Gegenstand zahlreicher gewaltsamer Mysterienkulte. Bei den rituellen Feiern zu ihren Ehren spielte vor allem Blut eine Rolle: Stierblut, mit dem man ihre Jünger weihte, und das Blut bei den frühjährlichen Kastrationsfeiern – Kybele durften nämlich nur Eunuchen dienen. Sie selbst soll von Zeus gezeugt und als Hermaphrodit auf die Welt gekommen sein, wobei die Götter beschlossen, ihr den männlichen Teil zu nehmen, indem sie Kybele kastrierten und als Frau wiedererstehen ließen. Dies erklärt den Ursprung des gewaltsamen Aspekts, der ihren Kult dominiert.

DIE WILDE GÖTTIN Als Hüterin der Welt der Wildnis, der ursprünglichen Natur, der Tiere und der Pflanzen, als Göttin der Berge und Pinien als Symbolen der Transzendenz besitzt Kybele den Schlüssel zu den Pforten der Unterwelt. Auch mit der Musik steht sie in Verbindung, sie hat den Menschen die Kunst des Tanzes und des Instrumentenspiels geschenkt, dessen Klänge die Tiefen der Erde erbeben lassen und ihre Seelen befreien. Ehren wir Kybele in diesem überschwänglichen Monat April, in dem sich die Natur entfaltet. Halten wir uns an unseren Instinkt, an unseren animalischen Part, der sich mit der zivilisierten Gestalt unserer selbst, mit der nach außen sichtbaren Frau verbünden will. Lösen wir unser Haar, lockern wir unsere Kleidung, nehmen wir unsere Trommeln, entdecken wir erneut die Lust, den Geruch von Erde einzuatmen, den Mond anzurufen und Wasser aus dem Fluss zu trinken. Die Muttergöttin Kybele präsentiert uns die Natur auf dem Silbertablett. In unseren Ritualen und Meditationen können wir uns ihr zuwenden, wir können sie bitten, uns den Schlüssel zum großen Ganzen zu schenken. Das große Ganze, das uns übersteigt und das wir doch alle in uns tragen, tief im Innern, in unserem heiligen Schoß, der Wiege der Fruchtbarkeit.

MAI

HARMONIE

Mai ○ Vollmond

Wahrhaftigkeit

Diese Vollmondnacht markiert einen besonderen Moment auf unserer Lebensbahn. Sie befragt uns zu den Werten, die unsere Persönlichkeit bilden, sie will unsere ethischen Überzeugungen ergründen und unsere Aufrichtigkeit prüfen. Wie sollen wir vorwärtskommen, wenn wir nicht aufrecht gehen, nicht aufrichtig sind? Wir entwickeln uns weiter, wir probieren aus – doch leben wir dabei wahrhaftig, auch in Bezug auf unsere Mitmenschen? Welche Geschichte erzählen wir uns? Welche Schutzschilde haben wir aufgestellt, um keinesfalls in eine unangenehme Situation zu geraten oder Menschen zu begegnen, die uns nicht passen? Welche Dinge lassen wir über uns ergehen, ohne Gesicht zu zeigen? Machen wir uns unsere Taten und deren Folgen bewusst. Vertreiben wir Angst und Lügen, geben wir uns die Chance des unverstellten Blicks auf uns selbst. Wenn wir uns in unserer aufrichtigen, ursprünglichen Nacktheit sehen, merken wir erst, wie schön wir sind. Wir können selbst darüber entscheiden, was Einzug in unser Leben finden soll, welche Ideen in uns wachsen dürfen. Diese Wahrheit finden wir in unserer Brust, im Bereich des Solarplexus. Kultivieren wir die Verwachsung mit unseren Überzeugungen und Idealen. Nutzen wir das Gesetz der Anziehung, indem wir positive Intentionen formulieren. Dinge, die wir beharrlich bekämpfen, rücken uns nicht vom Leib. Zu viel Angst lähmt. Befördern wir unseren Mut, nicht unsere Furcht. Stehen wir aufrecht da, der Mond wird uns den Weg leuchten.

DAS MANIPURA-CHAKRA liegt am Solarplexus. Meditieren wir mit dem Mantra des Mai-Vollmonds und konzentrieren wir uns auf dieses dritte Chakra, damit sich sein gelbes Leuchten verstärken und ausbreiten kann.

DAS MANTRA »Ich verankere mich in mir selbst, um mich anderen öffnen zu können.«

DIE INTENTION Ich strebe innere Wahrheit und Harmonie an, ich bin mir meiner Taten bewusst, ich lasse meine positiven Werte wachsen.

RITUAL DER WORTSTEINE

Wir benötigen flache Steine – die wir etwa bei Wanderungen durch die Natur gesammelt haben – und einen weißen Acrylstift.

Öffnen wir den Kreis.

Legen wir beide Hände auf die Brust und nehmen wir Kontakt zur Mondgöttin Chang'e auf: Sie hilft uns, uns mit unserem innersten Wesen zu verbinden und die Folgen unserer Entscheidungen zu erkennen.
Bitten wir Chang'e um größere Wahrhaftigkeit und Aufrichtigkeit. Bitten wir sie, uns wissen zu lassen, was wir wissen müssen.
Lassen wir Begriffe hochkommen, die uns momentan wichtig sind: Erdung, Einfachheit, Gespräch, Freiheit, Vertrauen, Bauchgefühl, Atmung, Meditation ... Schreiben wir die Worte auf die Steine und behalten wir diese als Wahrsageinstrumente. Wenn wir einmal nicht weiterwissen, können sie uns an unsere tiefsten Bedürfnisse erinnern. Statt Worten können natürlich auch Symbole gemalt oder skizziert werden.
Schließen wir den Kreis.

Mai ● Neumond

Der Pakt

In dieser schwarzen Nacht wollen wir einen Pakt mit dem Mond schließen. Lassen wir uns von ihm beibringen, wie wir uns mit neuen Augen anschauen und zu wahrer Selbstliebe finden können. Werfen wir einen ehrlichen Blick auf uns, kümmern wir uns nachsichtig und zärtlich um die Aspekte unserer Seele, die schmerzen, die uns missfallen. Wir müssen uns verletzbar machen, damit Liebe in diese dunklen Bereiche fallen kann. Bleiben wir also spirituell unterwegs, weichen wir nicht vom Pfad der Erleuchtung und Aufrichtigkeit ab. Leben wir offenherzig. Wenn wir lernen, alles an uns zu lieben, geben wir anderen die Möglichkeit, dies auch zu tun. So werden Liebesbande vertieft und neue Kontakte geknüpft. Gleichzeitig befreien wir uns von vergangenen, unguten Bindungen, von engen Verhaltensmustern und Denkgewohnheiten. Schlagen wir neue Wege ein. Diese tiefschürfende Arbeit verlangt uns viel Kraft ab, das innere »Großreinemachen« kann uns erschöpfen. Womöglich tauchen körperliche Beschwerden auf, die wir sorgsam wahrnehmen sollten, denn jeder Schmerz ist eine Botschaft. Unser Körper erzählt uns unsere Geschichte, hören wir ihm genau zu.

DAS ANAHATA-CHAKRA oder Herzchakra befindet sich auf Brustmitte. Meditieren wir mit dem Mantra des Mai-Neumonds und konzentrieren wir uns auf dieses vierte Chakra, damit sich sein grünes Leuchten verstärken und ausbreiten kann.
DAS MANTRA »Ich spüre, wie mein Wesen von innen heraus strahlt, voller Wohlwollen gegenüber mir selbst und den anderen.«
DIE INTENTION Ich gehe einen Pakt der Liebe mit mir selbst ein.

DAS MONDSTÄBE-RITUAL

Wir benötigen Farben, Wolle, Baumwollfaden, Glöckchen, Goldfaden, Palo-Santo-Stäbchen und Schätze, die wir in der Natur gefunden haben: Stöcke (am besten Weißdorn), Federn, Muscheln ...
Öffnen wir den Kreis.
Bitten wir den Neumond, unser inneres Reich zu befreien, damit sich unsere Kreativität entfalten kann.
Verbrennen wir unser Palo Santo, das heilige Holz, um uns zu reinigen und zu erden. Dann halten wir unsere Stöcke in den Rauch, um sie mit positiver Energie aufzuladen.
Nun kann unsere Kraft in die Herstellung von »power sticks« fließen: Malen wir unsere Stöcke an, binden wir Fäden daran, knüpfen wir sie zusammen, fügen wir Muscheln, Federn, Glöckchen ein – mit dem Gedanken, dass sie uns schützen und erden, dass sie uns Glück und Macht schenken.
Schließen wir den Kreis.
Im Schein des nächsten Vollmonds können wir unsere geschmückten Stöcke erneut mit Energie aufladen.

Mai ○ Hexenmond

Blumen ☆ Hase

DER MOND DER ENTFALTUNG

Dieser ausgesprochen positive heidnische Mond verleiht uns neue Energie. Die Natur ist voll erwacht, der Sommerzyklus beginnt. Indianische Kulturen feiern nun den Blütenaufbruch. Für uns ist der Moment gekommen, unsere Fortschritte zu bemessen: Die Knospen haben sich geöffnet, die Blumen überschütten uns mit ihrem Duft und ihren Farben. Die Natur begleitet unsere persönliche Entfaltung und zeigt sich in ihrer strahlenden Schönheit. Im wohlwollenden Schutz dieses Mondes können wir uns an die Ernte von Heilkräutern machen. Pflanzen, die wir in dieser Nacht pflücken, haben die Kraft der Mondstrahlen aufgenommen. Dieser Hexenmond knüpft an unsere Fruchtbarkeit und unsere Intuition an, er bringt uns in Hochstimmung.

In mehreren Kosmogonien gehört der Hase zu den Mondtieren. Er verkörpert die Überfülle und den Reichtum dieser fruchtbaren Phase. Zudem ist er Sinnbild für das Gleichgewicht zwischen den Welten. Der Hase lässt uns aufhorchen: Das stille Tier mit den großen Ohren steht für die Eigenschaft, innere Botschaften zu erkennen, es stärkt unsere Fähigkeit, im Alltag auf unseren sechsten Sinn zu vertrauen. Unter dem Schutz dieses Blumen- und Hasenmondes können wir uns Zeit nehmen, die Natur in ihrer vollen Entfaltung, in ganzer Fülle zu betrachten. Spüren wir, wie der Duft des Blumenmondes aufsteigt, wie er uns erfüllt und erhebt. Freuen wir uns an der Großzügigkeit der Erdenmutter. Bitten wir sie, ihren Reichtum in uns einfließen zu lassen, lassen wir uns inspirieren. Unser Körper und unsere Seele verlangen nach Entfaltung – helfen wir ihnen, indem wir die lunaren Kräfte der Liebe empfangen. Schauen wir mit einem weicheren, feierlichen Filter auf diese Welt. Werden wir wie die Wildkräuter, die unter den Strahlen des Mondes gedeihen.

Weißdorn

NAMEN Weißdorn (*Crataegus laevigata*) ist auch als Hagedorn, Heckendorn oder Mehlbeere bekannt.

ER WÄCHST an Hecken und am Waldrand und ist überall in Europa zu finden. Weißdorn blüht von Mai bis Juni, die Blüten werden noch als Knospe geerntet.

SEINE EIGENSCHAFTEN Weißdorn ist eng verbunden mit dem Herzen und seinem Chakra, er besänftigt Herzklopfen, Nervosität und erhöhten Blutdruck und stärkt den Herztonus. Zudem wirkt er gegen Schlafstörungen, Ängste und Schwindelgefühle.

SEINE SYMBOLIK Der lateinische Name des Weißdorns geht auf das griechische Wort *kratos* zurück, das »stark« und »fest« bedeutet. Ein Baum also, auf den man sich verlassen kann, wenn man Schutz sucht. Hirten banden ihren Schafen Weißdornzweige um den Hals, Eltern legten ihren kleinen Kindern Weißdorn in die Wiege.

Im antiken Griechenland symbolisierte die Pflanze eheliches Glück, Keuschheit und Fruchtbarkeit. Frischvermählte trugen Kronen aus Weißdornblüten, um ihrem Bund Segen zu verleihen. Oftmals wurde bei Vermählungen auch Weißdornholz verbrannt.

Im Neuen Testament taucht Weißdorn im Zusammenhang mit der Jungfrau Maria auf, die bei einem Unwetter unter seinen Zweigen Schutz fand und die Windeln des Jesuskindes an einem Weißdornbaum trocknete. In der Passionsgeschichte wiederum trägt Jesus eine Dornenkrone aus Weißdorn.

Die magische Pflanze ist mit den Elementen Feuer und Wasser verbunden, zudem ist Weißdorn der Baum der Feen und Hüterinnen heiliger Orte. Weißdorn steht in Verbindung mit dem Beltane-Fest, da man seine Blüten am 1. Mai erntete, wenn deren Kräfte am stärksten sind. Weißdorn drängt negative Kräfte zurück, es kann aber auch das Schicksal derjenigen trüben, die seine Blüten ernten, ohne eine Opfergabe darzubieten.

Mai ○ Weiblicher Archetypus

Chang'e

DIE VERANTWORTUNGSBEWUSSTE FRAU

Die Mondgöttin der chinesischen Kultur weckt nach wie vor starke Bewunderung. In der taoistischen Spiritualität ist Chang'e die Verkörperung des weiblichen Prinzips, das absolute Yin. Ihr Mythos kennt mehrere Versionen, die jedoch allesamt mit der Unsterblichkeit und dem Mond in Zusammenhang stehen. Chang'e weilt nicht unter den Menschen, sie wacht vielmehr über uns. Ihre Geschichte beginnt damit, dass ihr Gatte Hou Yi, ein berühmter Bogenschütze, die Erde davor rettet, von zehn Sonnen versengt zu werden. Als Dank erhält er einen Unsterblichkeitstrunk, den Chang'e entdeckt und in einem Zug leertrinkt, ohne zu wissen, worum es sich handelt. Kaum hat sie das Elixier geschluckt, steigt sie gen Himmel auf, bis sie sich auf dem Mond wiederfindet. Dort lässt sie sich nieder und begegnet einem Jadehasen, der die Kräuterkunde beherrscht. Daraufhin stellen die beiden Heiltränke her. In manchen Erzählungen nimmt Chang'e das Lebenselixier absichtlich zu sich und wird zur Strafe auf den Mond verbannt. In anderen heißt es, ein Schüler Hou Yis wollte es ihr stehlen, und sie hatte keine andere Wahl, als es selbst zu trinken und auf den Mond zu flüchten.

DIE GÖTTIN DER SELBSTERKENNTNIS Chang'e hat aus ihrem Abenteuer gelernt. Sie musste ihr Zuhause verlassen, um für ihren Regelbruch zu bezahlen. Im Lichte ihrer Geschichte können auch wir unsere Entscheidungen und Handlungen reflektieren. Fragen wir uns, welche Folgen unser Verhalten hat. Chang'e stirbt nicht, sie wird an einem anderen Ort in neuer Gestalt wiedergeboren und fügt sich in den nie endenden Mondzyklus. Wie sie können auch wir neu geboren werden. Harmonisieren wir unser Leben, verankern wir uns im Moment, bewahren wir uns die Fähigkeit, mit beiden Beinen auf der Erde zu stehen. Natürlich wäre es manchmal einfacher, sich der Realität nicht zu stellen und auf den Mond zu entfliehen, anstatt uns mit den Umständen unseres Lebens auseinandersetzen zu müssen. Wagen wir die zu sein, die wir wirklich sind. Versuchen wir nicht auszuweichen, haben wir Vertrauen: Die Antworten sind schon da, in uns. Diese tiefe innere Wahrheit bringt Harmonie und Ausgeglichenheit hervor. Werden wir zu der ganzheitlichen Frau, die in der Lage ist, sich selbst zu kennen und zu verwandeln.

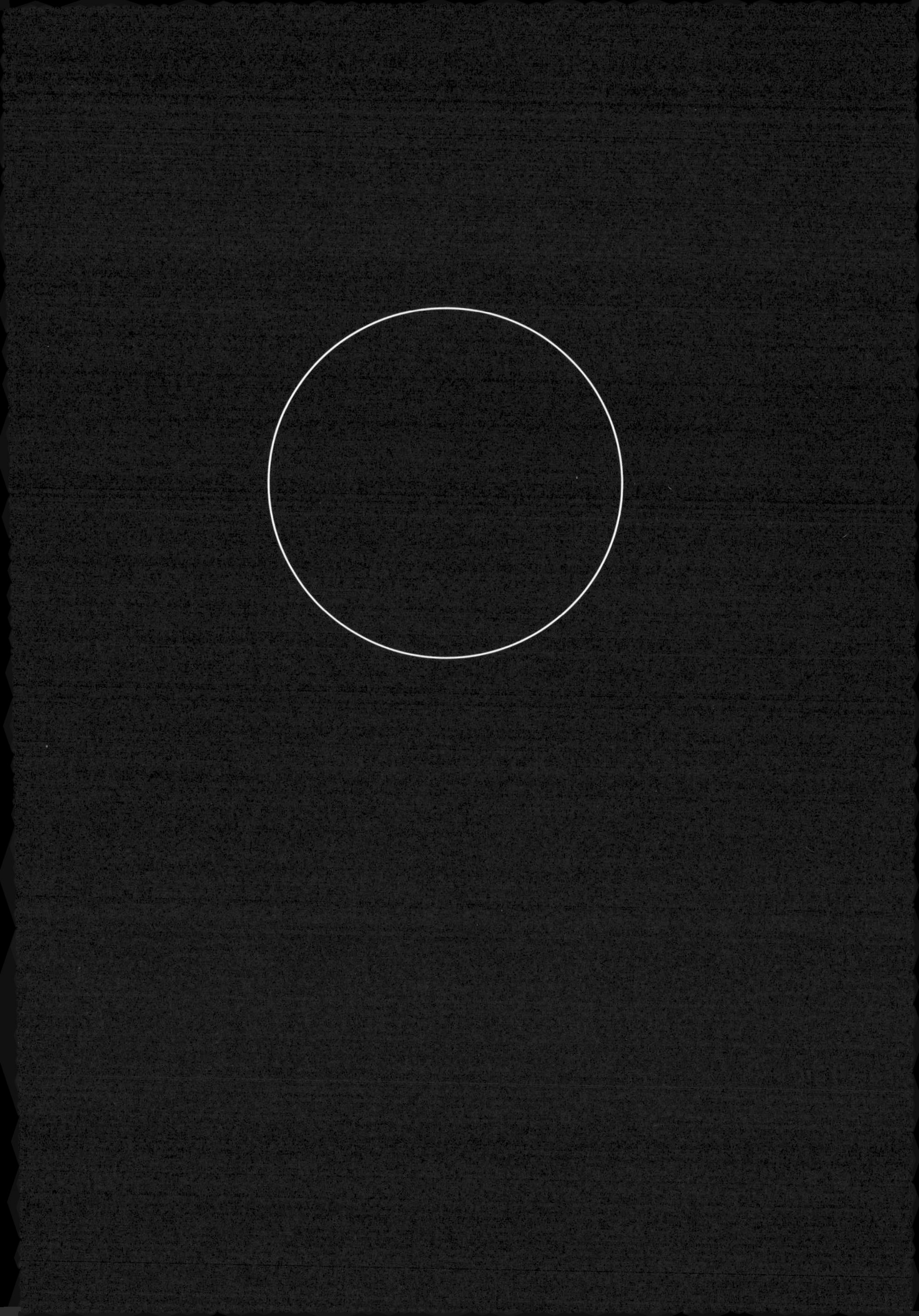

JUNI

ENTFALTUNG

Juni ○ Vollmond

Stärke

Dieser Vollmond steckt voller Saft, voller Leben, Blut und Kraft. Er befragt uns nach unserer Macht und persönlichen Energie. Halten wir dem stand? Fühlen wir uns stark genug? Keine Angst, begeben wir uns nur mutig auf den Pfad des Lichts, der unsere Kraft zurückkehren lässt. Wir alle können uns Stärke aneignen – nehmen wir die Herausforderung an.

Hier und jetzt schauen wir auf die Farbe unserer Seele: Welche Hindernisse stehen der vollen Entfaltung unserer Persönlichkeit im Wege? Was hält uns zurück, diese Hürden zu beseitigen? Wir sind zum Handeln aufgerufen. Die Mondenergien sind ausgesprochen dynamisch und schubsen uns regelrecht in die Seelenarbeit. Finden wir die Tür in uns, die es zu öffnen gilt, und entdecken wir unsere Kraft über das zweite Chakra, das Zentrum der Sexualität und Schleuse des Kundalini ist. Besinnen wir uns auf unseren männlichen Teil und setzen wir angestaute Energien frei. Nur ein Gleichgewicht der Kräfte kann die Öffnung herbeiführen, durch die wir unsere weibliche Macht voll zum Ausdruck bringen. Denn das Yin ist nichts ohne seinen Gegenpart, das Yang. Richten wir unseren Blick in die Zukunft, befreien wir uns von Vergangenem, bringen wir unsere Gegensätze in Einklang und finden wir zurück zu unserer wilden Seele. Diese Umwälzungen werden von einer Flut von Emotionen und einer intensiven Anbindung an die hintergründige Welt begleitet. Seien wir bereit, Zeichen und Botschaften zu empfangen, die uns auf unserem weiteren Weg leiten. An den Tagen, die unter dem Einfluss dieses Mondes stehen, sollten wir verstärkt auf unsere Träume hören. Schreiben wir sie auf, sie werden in den kommenden Monaten wertvolle Verbündete sein.

DAS SVADHISTHANA-CHAKRA ist das geheiligte Chakra in der Kreuzbeinregion, drei Fingerbreit unter dem Bauchnabel, kurz oberhalb der Geschlechtsorgane. Meditieren wir mit dem Mantra des Juni-Vollmonds und konzentrieren wir uns auf dieses zweite Chakra, damit sich sein orangefarbenes Leuchten verstärken und ausbreiten kann.
DAS MANTRA »Die Schöpferkraft liegt in mir, ihre Energie zirkuliert in jeder Zelle meines Körpers.«
DIE INTENTION Ich lasse die mächtige Frau frei, die in meinem Innern verborgen liegt.

DAS RITUAL DER PROPHETIN

Bereiten wir uns einen Beifuß-Aufguss, der Wahrsagekraft und Hellsichtigkeit stärkt, und trinken wir diesen, bevor wir mit dem Ritual beginnen. Legen wir eine dicke Kerze und ein Messer bereit.

Öffnen wir den Kreis.

Setzen wir uns bequem hin, begeben wir uns in die Meditation. Richten wir unsere Aufmerksamkeit auf unsere Atmung, verlangsamen wir ihren Rhythmus.

Lassen wir uns vom Leuchten des Mondes umhüllen. Spüren wir, wie sich sein Lichttuch um unsere Hüften legt. Der Mond will uns sanft wiegen, unser Unterleib wird von Energiewellen durchzogen. Wir spüren, wie Wärme und Kraft in uns hochsteigen.

Öffnen wir unsere Seele und bitten wir den Vollmond, uns Visionen zu schicken. Wir sind bereit, diese Symbole zu empfangen. Ritzen wir die Zeichen mit dem Messer in die Kerze – sie können wir zu jedem Vollmond erneut entzünden.

Schließen wir den Kreis.

Juni ● Neumond
Austausch

In der Dunkelheit dieses Neumonds hebt sich der glänzende Vorhang der Wahrheit, und wir wollen die Aufrichtigkeit unserer Beziehungen feiern. Wir müssen die Energien freilassen und ihnen über die Worte Ausdruck geben. Entdecken wir unsere ungefilterte neue Stimme, die sich offenherzig mit unserer Umgebung auseinandersetzt. Sie ist ein Fluss, dem es zu folgen gilt. Diese Stimme ruft die Seelen zusammen, die uns am meisten bedeuten; sie stärkt unseren Wunsch, mit unserem Gegenüber zu verschmelzen. Die Sprache knüpft eine Verbindung, die Worte weben ein heiliges Band. Unter diesem Neumond festigen wir die grundlegenden Beziehungen unseres Lebens. Diese Nacht ist perfekt, um unseren Liebesgesang erklingen zu lassen: Wir teilen uns mit und begehen das Miteinander. Im Monat Juni zirkulieren viele subtile Botschaften – wir haben die Chance, diese Zeichen zu empfangen und damit unsere persönliche Entwicklung voranzubringen. Denn wir befinden uns in einer aufsteigenden Phase, die unser Selbst bestärkt. Das Bedürfnis nach Austausch ist groß: Ergreifen wir das Wort, verleihen wir uns Ausdruck. Aber Vorsicht, verzetteln wir uns nicht. Konzentrieren wir uns auf unsere Uterusgegend, sie ist unser Anker und unser Kompass. Ordnen wir unsere Gedanken, kommen wir zu uns und hören wir auf unseren Bauch, denn dort liegt unsere Wahrheit. Lassen wir diese Wahrheit bis zu unserem Halschakra aufsteigen, wo sie in Worte gefasst werden kann. Was nach oben drängt, soll geäußert werden – nun werden die richtigen Worte bereitgelegt.

DAS VISHUDDHA-CHAKRA ist das Chakra des Halses und der Kehle. Meditieren wir mit dem Mantra des Juni-Neumonds und konzentrieren wir uns auf dieses fünfte Chakra, damit sich sein blaues Leuchten verstärken und ausbreiten kann.
DAS MANTRA »Meine Gedanken sind klar, meine Worte sind aufrichtig.«
DIE INTENTION Meine Worte sind Spiegel meiner Gedanken. Wenn ich sie an die Menschen richte, die ich liebe, stärke ich meine Beziehungen und teile mich mit.

DAS RITUAL: HERSTELLEN VON BEIFUSSÖL

Hierzu benötigen wir ein sauberes Gefäß, Gaze, Faden, ein pflanzliches Öl und getrockneten Beifuß. Diese Technik der Ölherstellung geht zurück bis in die Antike, in der Kräuteröle für Massagen, zur Hautpflege und bei der Zubereitung von Speisen verwendet wurden.
Öffnen wir den Kreis und rufen wir die Große Göttin und Urmutter an, damit sie unsere Kräuter segnet.
Wir geben die Kräuter in das Gefäß, bedecken sie mit Öl und verschließen die Gefäßöffnung mit Gaze und Faden, damit die Mischung atmen kann.
Das Kräuteröl lassen wir an einem lichtgeschützten Ort ruhen, wobei wir das Gefäß regelmäßig schwenken.
Schließen wir den Kreis.
Nach sechs Wochen können wir den Kaltauszug filtern: Dazu lassen wir die Pflanzenteile sorgfältig abtropfen und gießen die Flüssigkeit in eine ausgekochte Flasche. Mit dem so gewonnenen Beifuß-Massageöl können wir Schmerzen lindern und Muskelverspannungen lösen, vor der Regel entkrampft es den Unterleib. Bei akutem Stimmungsabfall geben wir ein wenig Öl auf die Handgelenke oder die Thymusdrüse.

Juni ○ Hexenmond

Liebe ☆ Honig

LIEBENDE VEREINIGUNG

In der heidnischen Tradition ist der Aufgang des Juni-Vollmonds gleichbedeutend mit Freude. Sämtliche Beinamen dieses Mondes evozieren Zärtlichkeit, Lust und Vereinigung. Nun ist es Zeit, Liebesbande zu knüpfen oder zu stärken. Zu Sommerbeginn kehrt unser Körper seine Bedürfnisse nach außen, wir sind näher an der physischen Erfahrung. Unsere Haut zeigt unsere Emotionen an.

Dieser Mond steht für die Ehe, seine Opfergabe ist Honig. Um Frischvermählten Segen zu bringen und das Verlangen zu steigern, werden in manchen Ländern die Trauringe in Honig getaucht, da dieser für Süße und Sinneslust steht. Der Juni-Vollmond wird auch »Erdbeermond« genannt, er korreliert mit der Zeit der Ernte und Überfülle, und die rote Frucht ist seit dem Mittelalter ein Symbol der Verführung. In der nordischen Mythologie wird er mit Freya in Verbindung gebracht, der Muttergöttin, die den Menschen Sinneslust und Erfüllung schenkt. Dieser Mond ist also ein Moment körperlicher Ekstase und starker Emotionen. Seine Energien knüpfen an die Erdenenergien an, sie bringen eine Bewusstseinserweiterung, stärken die Spiritualität und lassen Körper und Seele tanzen.

Unter den wohlwollenden Strahlen dieses Mondes können wir aufatmen und aufblühen, genießen und auskosten. Profitieren wir von dem, was die Natur uns so großzügig darbietet, feiern wir die Explosion der Sinne. Kehren wir unsere Gefühle nach außen, entdecken wir die einfache Freude des Einsseins mit der Erdenmutter. Alles wird möglich, wenn wir es nur mit aufrichtigem Herzen angehen.

Juni ○ Heidnisches Fest

Litha

SOMMERSONNENWENDE: 21. JUNI

Freuen wir uns an der übersprudelnden Fülle der Erdenmutter, indem wir diese herrliche und starke Phase der Sommersonnenwende in uns aufnehmen. Zum altüberlieferten Feuerfest spüren wir instinktiv das Bedürfnis, das Licht zu feiern und den längsten Tag des Jahres zu begehen. Die Natur zeigt ihre Macht, sie ist auf dem Höhepunkt ihrer Kraft und Fülle. Teilen wir diesen Abend mit uns nahestehenden Menschen, bewegen wir uns im Rhythmus der Lebensenergie. Wenn wir auch nicht wie unsere Ahnen um ein Freudenfeuer tanzen können, so können wir doch unser Zuhause in festliches Licht tauchen und ein aus frischen Produkten und Kräutern zubereitetes Essen teilen. Singen wir, holen wir unsere Instrumente hervor, lassen wir unsere Stimme erklingen. Wir tanzen, schenken uns Blumen, entzünden Kerzen. Feiern wir, genießen wir den Moment. Wenn wir auf diese Weise auf die Energien der Jahreszeit eingehen, erlangen wir ein wohltuendes Gleichgewicht, wir aktivieren Schutz und Heilung.

DAS RITUAL: INSTINKTIVER TANZ

Falls wir eine Trommel besitzen, nehmen wir sie zur Hand, oder aber wir wählen eine uns liebe Musik aus, die erhebend auf uns wirkt. Noch intensiver wird das Ritual, wenn wir es bei einem Feuer in der Natur begehen.

Öffnen wir den Kreis.

Spielen wir das Instrument oder hören wir die Musik.

Wir stehen mit bloßen Füßen auf dem Boden, konzentrieren uns auf unsere Atmung und spüren, wie beim Einatmen eine rote Energie über unsere Fußsohlen in uns aufsteigt, den gesamten Körper durchströmt und beim Ausatmen über die Nasenlöcher als goldener Hauch nach außen tritt.

Nach mehreren Atemzügen lassen wir uns von den Schwingungen der Musik erfassen, wir wiegen Füße, Beine, Becken, Bauch, Brust und Kopf. Befreien wir unseren Körper, singen wir. Stellen wir uns vor, wie sich das Rot und das Gold in uns vermischen, wie sie sich mit unserer Umgebung vermengen.

Wenn wir fertig sind, schließen wir den Kreis.

Beifuß

NAMEN Beifuß (*Artemisia vulgaris*) heißt auch Besenkraut, Weiberkraut oder Johannesgürtelkraut, es gehört zu den St.-Johannis-Heilkräutern.
ER WÄCHST in ganz Europa und vor allem an den Rändern des Mittelmeerbeckens. Beifuß ist weit verbreitet, man findet ihn am Wegesrand, auf Brachen und unbebauten Äckern. Er blüht von Juni bis Oktober – es empfiehlt sich, ihn zu Saisonbeginn und insbesondere zur Sommersonnenwende zu ernten.
SEINE EIGENSCHAFTEN Beifuß wirkt menstruationsfördernd, er lindert Regelbeschwerden und reguliert den Zyklus. Als Heilkraut der Hebammen hatte er den Ruf, Geburten zu erleichtern und Schmerzen zu lindern. Man nutzt Beifuß auch als Antiseptikum, als Fiebersenker und zur Unterstützung der Leberreinigung. Beifuß ist mit dem Wermutkraut verwandt, dabei aber weniger giftig. Seine Inhaltsstoffe wirken krampflösend und entzündungshemmend.
SEINE SYMBOLIK Beifuß hat den lateinischen Namen *Artemisia* und steht seit der griechischen Antike mit der Mondgöttin Artemis in Zusammenhang. Das Frauenkraut war schon immer fester Bestandteil der Feste zur Sommersonnenwende. Man flocht Gürtel daraus, die sich die Frauen um die Hüften legten, bevor sie um das Feuer tanzten. Die energetische Wirkung des frisch gepflückten Krauts schützte den Genitalbereich und sorgte für Ausgleich, Kräftigung und eine gute Abwehr. Als Schutzgeber hängte man Beifuß in einer Girlande über den Eingang seines Hauses. Man schrieb ihm außerdem die Macht zu, giftige Tiere fernzuhalten, und wenn man bei einem Spaziergang zufällig auf Beifuß traf, galt dies als Glückszeichen. Beifuß gehört zum Sortiment der magischen Kräuter. In der Weißen Magie dient es für Verzauberungen, es wehrt böse Geister und die Flüche der Schwarzen Magie ab. Das machtvolle Kraut steht mit den Elementen Erde, Luft und Feuer in Verbindung, es ist die Pflanze der Isis und begünstigt wahrsagende Kräfte: Ein vor einer Séance getrunkener Beifußaufguss stärkt die Hellsicht. Beifuß wird verwendet, um Wahrsageinstrumente zu weihen, indem man sie beim Verräuchern des Krauts durch den Rauch zieht; auf dieselbe Weise ruft man bei einem Ritual Verbündete und Helfer herbei. Wer Beifuß unter sein Kopfkissen legt, fördert die Voraussagekraft seiner Träume.

Juni ○ Weiblicher Archetypus

Die Muttergöttin

DIE URFRAU

Die Große Göttin ist jene, die allen anderen vorausgeht. Lange galt sie als Nebenfigur der überlieferten europäischen Kulte, doch seit den Arbeiten der Archäologin Marija Gimbutas wird deutlich, dass es sich bei der Urmutter um die kosmogonische Repräsentation der Frau handelt: Sie ist Ursprung der Welt, und mit ihrer Fähigkeit zur ständigen Regeneration und Erneuerung verkörpert sie den Kreislauf des Lebens. Verehrt wird die Muttergöttin seit der Jungsteinzeit. Die archäomythologische Forschung hat gezeigt, dass es eine in ganz Europa verbreitete matriarchalische Religion gab, die bis zum 4. bis 3. Jahrhundert vor Christus andauerte. Ihr Einfluss verringerte sich mit dem Aufkommen des Schrifttums und den indoeuropäischen Eroberungszügen. Die einfallenden Völker oktroyierten ihr Pantheon der männlichen Götter und durchbrachen die matrilineare Ordnung der europäischen Agrargesellschaften. Dabei bedeutete der Kult der Großen Göttin keine matriarchalische Gesellschaftsordnung, es handelte sich vielmehr um ein Gleichgewicht zwischen weiblichen und männlichen Kräften. Oberhaupt dieser »gylanischen« Gemeinschaften waren Königinnen, Clanchefinnen und Priesterinnen.

Mit Themen und Motiven, die der Mondsymbolik nahestehen, repräsentiert die Muttergöttin die Regeneration. Sie verkörpert den Lebenszyklus, Tod und Wiedergeburt und wird mit mütterlichen und sexuellen Attributen wie opulenten Brüsten und einem breiten Gesäß dargestellt – Symbolen der Fruchtbarkeit, Magie und Fortpflanzung, die wir von den steinzeitlichen Venusfiguren von Laussel, Lespugue oder Willendorf kennen. Als Tier gibt man ihr einen Widder, Bären oder Hirsch zur Seite, außerdem das Element Wasser als Quelle des Lebens. Man findet die Urmutter auch in Gestalt der Vogelgöttin mit Schnabel, Flügeln und Brüsten, zum Teil mit Eulenaugen. Die Symbole »V« und »M«, die bisher als rein dekorative Elemente galten, beziehen sich in Wahrheit auf die Frau, wobei das V die Vulva darstellt und das M für die Fruchtbarkeit von Wasser und Erde in Verbindung mit Sexualität und Mutterschaft steht. Auf gleiche Weise ist die verbreitete Darstellung der Schlangengöttin als Gestalt der Großen Göttin zu verstehen.

DIE GÖTTIN DER STRAHLENDEN WEIBLICHKEIT Es ist eine tief bewegende Erfahrung, sich der Kraft der Muttergöttin zu überlassen, denn sie trägt den Ursprung der Menschheit und das Wesen der Weiblichkeit in sich. In diesem Monat kehren wir unsere Gefühle nach außen, wir begeben uns auf die Suche nach uns selbst und erneuern unsere Regenerationsfähigkeit und Schaffenskraft. Spüren wir, wie dieser Urkult, der doch eine Ode an die Macht der Frauen darstellt, unseren Uterus mit Energien durchströmt. Indem wir die Muttergöttin anbeten, bauen wir Brücken zwischen den Zyklen der Natur und den Zyklen unserer Person, zwischen terrestrischen und kosmischen Energien. Wenn wir uns ihr anvertrauen, wenden wir uns dem gesamten Universum zu. Überwinden wir Zeit und Raum und malen wir uns wie die ersten Frauen in ihren Höhlen die Gesichter rot – in der Farbe des Blutes, als Zeichen der Verbundenheit. Machen wir uns mit dieser überlieferten Gestalt der gesegneten Weiblichkeit auf den Weg, seien wir stolz, dass wir die neuen Repräsentantinnen dieser heiligen und unverfälscht wilden Linie sind. Als Töchter der Großen Göttin sind wir machtvolle Frauen.

JULI

ÖFFNUNG DES HERZENS

Juli ○ Vollmond

Begeisterung

Angefüllt mit den Lichtenergien dieser Jahreszeit bringt der Vollmond nach der Sonnenwende starke innere und äußere Bewegungen mit sich. In dieser Zeit geraten viele Dinge durcheinander. Angesichts der Fülle der Botschaften müssen wir Gespür beweisen und den roten Faden unserer inneren Stimme finden. Wenn es notwendig wird, kann unser Körper als Kompass dienen: Hören wir auf ihn, entziffern wir seine nonverbale Sprache. Angebunden an unsere fünf Sinne, in Verbindung mit der Natur und unserem Umfeld, gibt er uns die Richtung vor: Nehmen wir uns Zeit, den Rhythmus unseres Herzens zu entdecken; spüren wir, wie unser Blut zirkuliert, und hören wir auf unsere Schmerzen, denn sie wollen uns etwas mitteilen. Die spirituellen Energien weiten sich aus, sie vibrieren auf der Höhe unseres vierten Chakras – nehmen wir sie mit unserem Herzen auf. Halten wir uns jetzt an unsere Ratgeber und Verbündeten und bitten wir sie, unsere Wunden zu versorgen und die Ängste zu vertreiben, die nach diesem Energieschub hervortreten können. Auf der emotionalen Ebene wirkt dieser Vollmond destabilisierend, er kann uns ebenso begeistern wie aufreiben.

DAS ANAHATA-CHAKRA ist das Herzchakra und befindet sich auf Brustmitte. Meditieren wir mit dem Mantra des Juli-Vollmonds und konzentrieren wir uns auf dieses vierte Chakra, damit sich sein grünes Leuchten verstärken und ausbreiten kann.
DAS MANTRA »Mein Herz ist eine Trommel, deren Schläge mein Leben ins Gleichgewicht bringen.«
DIE INTENTION Ich gebrauche die mir zur Verfügung stehenden Energien mit Begeisterung. Ich öffne mich, um Botschaften zu empfangen.

DAS RITUAL DES MONDBADS

Diese überlieferte Praktik wird unter freiem Himmel ausgeübt. Wir benötigen einen Strauß Schafgarbe, der die Hellsicht stärkt.

Öffnen wir den Kreis an der Stelle, an der wir unser Mondbad nehmen wollen.

Falls möglich, legen wir uns dazu auf den Boden. Die Schafgarbe legen wir uns auf den Bauch.

Lassen wir unsere Atmung in den Körper fließen. Beim Ausatmen spüren wir, wie sie immer tiefer in den Boden geht.

Spüren wir, wie die Mondstrahlen unsere Haut streicheln. Lassen wir uns von dieser Energie durchtränken. Spüren wir, wie sie uns mit jedem Einatmen mehr erfüllt.

Öffnen wir uns den Botschaften und den Zeichen, die wir in diesem meditativen Zustand empfangen.

Wenn wir uns »aufgetankt« fühlen, danken wir der Großen Mutter und schließen den Kreis.

Juli ● Neumond

Erhebung

Dieser Neumond hinterfragt unseren Platz in der Welt, er will uns in der Lehre des Karma unterweisen. Was treibt uns in diesem Leben um? Eindrücke, Empfindungen und Gleichzeitigkeiten, derer wir uns nicht bewusst waren, tauchen auf wie die fehlenden Teile eines Puzzles. Damit wir den Weg finden, der zur Wahrheit führt, müssen wir uns außerhalb unserer Komfortzone bewegen. Wenn wir bereit sind, die Energien aufzunehmen, werden wir mit einem erhebenden Gefühl belohnt. Jetzt ist die Zeit zu wachsen: Wir erweitern unser Wissen und entwickeln unsere Spiritualität. Fassen wir Selbstvertrauen, vergrößern wir unsere Empfindungen. Öffnen wir unser fünftes Chakra und geben wir den aufwühlenden Botschaften Worte. Nutzen wir unsere Sprache, um zu transkribieren, was aus den Tiefen unserer Leiberfahrung aufsteigt. Diese Phase der Enthüllungen kann unangenehm sein: Der Neumond eröffnet uns den Zugang zu einer Selbsterkenntnis, die unglaublich intensiv und tief beunruhigend sein kann.

DAS VISHUDDHA-CHAKRA ist das Halschakra. Meditieren wir mit dem Mantra des Juli-Neumonds und konzentrieren wir uns auf dieses fünfte Chakra, damit sich sein blaues Leuchten verstärken und ausbreiten kann.

DAS MANTRA »Ich öffne mich den inneren Botschaften und lasse sie frei.«

DIE INTENTION Ich verbinde mich mit allen Aspekten meines Seins und allen Facetten meiner Umwelt.

DAS RITUAL: SPIRALENSCHREIBEN

Nehmen wir ein Blatt Papier, einen Schreibstift und Buntstifte.
Öffnen wir den Kreis.
Bei Einbruch der Nacht suchen wir uns einen ruhigen Platz, an dem wir schreiben können, und setzen uns ins Mondlicht.
Rufen wir die Göttin Mawu an, indem wir die Hände über unseren Uterus legen. Bitten wir sie, uns allen Dimensionen zu öffnen. Sie möge uns helfen, unseren Platz in der Welt zu finden.
Atmen wir tief ein. Stellen wir uns vor, wie ein silberner Faden von unserer Gebärmutter über unsere Wirbelsäule nach oben verläuft, am Oberkopf austritt und sich bis zum Mond fortsetzt. Stellen wir dem Mond die Fragen, die spontan auftauchen.
Wenn wir uns ganz verbunden fühlen, schließen wir die Augen und beginnen, eine Spirale im umgekehrten Uhrzeigersinn zu zeichnen – wir machen so lange weiter, wie es nötig ist.
Wenn wir eine Botschaft (ein Gefühl, eine Empfindung, eine Idee, ein Bild, eine Form …) empfangen, drehen wir unser Blatt um und schreiben oder malen auf, was uns in den Sinn kommt: Symbole, Sigillen mit magischer Bedeutung, Zeichen, Wörter und Bilder. Lassen wir uns lenken.
Danken wir dem Mond für dieses Geschenk und schließen wir den Kreis.

Juli ○ Hexenmond

Gewitter ☆ Gerste

NATURGEWALT

Dieser Mond geht in einer Natur auf, die sich auf dem Höhepunkt ihrer Blüte befindet. Düfte und Farben explodieren, Blüten sind aufgebrochen, Früchte sind gereift. Unsere Sinne schärfen sich, um diese Pracht in uns aufzunehmen. Wir leben draußen, genießen die langen Tage und lauen Abende, wir schauen entspannt in den Himmel. Die früh geerntete, widerstandsfähige Gerste gehört zu den ältesten angebauten Getreidesorten. Sie steht für Stärke, Macht und Überlegenheit im Kampf. Den Gerstenmond baten heidnische Gemeinschaften daher, ihnen diese Kraft weiterzugeben – sie wünschten sich, er möge ihnen Wohlstand und Gesundheit bringen. Jetzt ist der richtige Zeitpunkt, um Heil- und Aromakräuter zu ernten. Getrocknet dienen sie uns das ganze Jahr. Damit unser Zuhause blüht und gedeiht, will der Brauch, dass wir einen

Strauß mit sieben Getreideähren aufstellen, die wir am siebten Tag des siebten Monats zur siebten Stunde pflücken.

Die dynamischen Energien und starken spirituellen Ströme dieses Mondes erinnern an ein Gewitter – Blitz und Donner sind ja in vielen (griechischen, skandinavischen, indianischen, sibirischen, wikingischen ...) Mythologien präsent und zeigen die Macht des Himmels. Der Hexenmond des Monats Juli greift unsere Kindheitsängste auf, er wirft Licht in das Dunkel der Nacht und wühlt verborgene Ängste auf – er bietet uns zugleich aber die Chance, diese zu überwinden. Wir erlangen wichtige Erkenntnisse über uns selbst. Die Natur breitet ihre mittsommerliche Schönheit aus und gibt uns Antworten, wenn wir ihr nur zuhören.

Die Strahlen dieses Gewittermondes dringen bis in unser Innerstes vor. Lassen wir den Donner in unserer Brust tönen und unsere Seele erbeben, lassen wir unsere Schattenseiten vom Blitz erhellen. Wo haben wir unsere Ängste versteckt? Wo liegt der Schrecken vergraben? Wollen wir uns ernsthaft von ihnen freimachen? Wie wollen wir vorgehen, um diese Verwandlung zu erreichen?

Juli ○ Beseelte Pflanze

Schafgarbe

NAMEN Schafgarbe (*Achillea millefolium*) ist auch als Achilleskraut, Blutstillkraut, Gänsezungen, Grützblume oder Grundheil bekannt. Sie gehört zu den St.-Johannis-Heilkräutern.

SIE WÄCHST überall in Europa und Asien, an Wegesrändern, Böschungen, auf Wiesen und Weiden und an sonnigen Orten. Schafgarbe blüht von Juni bis zum Herbstende, die Blütenstände erntet man im Sommer, von Juli bis September.

SEINE EIGENSCHAFTEN Durch ihre blutstillenden Eigenschaften gehört Schafgarbe seit der Antike zu den Heilpflanzen. Sie reguliert die Verdauung, begünstigt den Venenfluss und hat eine positive Wirkung auf die Leber. Schafgarbe ist bekannt für seine krampflösende Wirkung und lindert auf diese Weise auch Regelschmerzen. Hildegard von Bingen nutzte das Heilkraut bei Menstruationsstörungen und übermäßigen Blutungen. Da es Aborte hervorrufen kann, sollten Schwangere und stillende Mütter von seinem Gebrauch absehen, auch für Kinder ist es nicht geeignet. Schafgarbe ist ein Grundbaustein der keltischen Kräuterkunde und der chinesischen Medizin. Man findet sie in Mitteln gegen

Depression, da sie anhaltende Traurigkeit und schwarze Gedanken vertreiben kann und uns unseren inneren Mut wiederfinden lässt.
Ihre Symbolik Ihren Beinamen Achilleskraut verdankt die Schafgarbe dem griechischen Helden Achilles, der von dem Kentauren Cheiron aufgezogen und in der Heilkunst unterwiesen wurde. Cheiron nutzte die blutstillende Wirkung von Schafgarbe, um die verletzten Kämpfer des Trojanischen Kriegs zu versorgen. Schafgarbe gilt als Hexenkraut, das bei magischen Ritualen zum Einsatz kommt und zur Reinigung von Wahrsageinstrumenten dient. Schon immer hat man Schafgarbe die Fähigkeit zugeschrieben, böse Geister fernzuhalten, somit greift man auch bei Exorzismen auf sie zurück. Als Opfergabe hat man sie in 200 000 Jahre alten Gräbern gefunden, vor allem aber ist Schafgarbe ein Orakelkraut, das die Intuition stärkt und die Wahrsagung unterstützt. Im Yijing, dem Buch der Wandlungen (früher: I Ging) dienen ihre Stängel als Prophetenstab. Frauen, die Schafgarbe im Schein des Vollmonds befragten, erlangten Kenntnisse über ihre zukünftigen Lieben. Schafgarbe entspricht den Elementen Wasser und Luft und wird der Zahl sieben zugeordnet, die in vielen Kulturen als heilige Zahl gilt.

Juli ○ Weiblicher Archetypus

Mawu

DIE ERLEUCHTETE FRAU

Der Mythos dieser Göttin geht auf afrikanische Kosmogonien zurück. Ihr Kult hat seinen Ursprung in Westafrika, von dort aus breitete er sich bis nach Brasilien aus. Mawu wird entweder als weibliches Prinzip im Verbund mit ihrem Zwillingsbruder Lisa dargestellt oder aber als doppelte, androgyne Gottheit, die Mann und Frau in sich vereint und daher Mawu-Lisa genannt wird. Sie verkörpert den Mond, ihr Bruder die Sonne, beide zusammen sind das Schöpferpaar und bilden zwei Seiten einer Medaille. Mawu transportiert alle weiblichen Elemente, die man im Yin der orientalischen Vorstellung findet: Sanftheit, Kälte, Ruhe, Nacht, Erde, Dunkelheit. In den Mythen trägt sie das kosmische Ei, mit dem sie die Erde entstehen lässt; ihre Helferin, die Schlange, hält die Welt am Himmel. Als Muttergöttin ist sie für die Schöpfung verantwortlich, sie wacht über das Himmelsgewölbe und die Erde, sie leitet die menschliche Seele. Mawu steht für Weisheit und Erkenntnis.

DIE GÖTTIN DER WEISHEIT Widmen wir uns Mawu und entdecken wir unseren Körper als schöpferischen, empfänglichen und emotiven Raum. Lassen wir uns von den Einflüssen dieses stimulierenden Monats ergreifen. Dank der Energien, die unseren Körper durchströmen, schenkt uns Mawu Selbsterkenntnis. Lassen wir diese Kräfte frei, spüren wir, wie wir uns dem Sommer öffnen. Gehen wir sanft und bedächtig mit der gewonnenen Stärke um und konkretisieren wir unser Bedürfnis zu machen und zu sein. Mawu schenkt uns Weisheit, damit wir uns unserer inneren Ökologie widmen. Lassen wir uns vom Feuer des Sommers und der sanften Frische des Mondes tragen. Strahlen wir über alle Maßen und nehmen wir so den Platz ein, der uns in dieser Welt zusteht.

AUGUST

PRACHT

August ○ Vollmond

Fülle

Unter diesem Vollmond feiern wir unsere Erde. Die uns umgebende Natur zeigt sich in ihrer ganzen Pracht. Ernten wir, genießen wir – es ist die Zeit der Freude und der Dankbarkeit. Arbeiten wir an unserer Fähigkeit, im Augenblick zu leben. Verbinden wir uns über unsere fünf Sinne mit der Welt, achten wir auf unsere Empfindungen, auf die Gerüche, Düfte und Geräusche um uns herum. Feiern wir die Überfülle, indem wir die Geschenke der Natur achtsam und bewusst genießen. Um uns nachhaltig daran zu erfreuen, müssen wir den Rhythmus verlangsamen. In dieser Phase ist das Element Feuer vorherrschend, und wir sollten uns vor dem Übermaß hüten. Verändern wir also unsere Einstellung zurzeit und hören wir auf unseren Körper, der doch genau weiß, welches Tempo das richtige für uns ist. Spielen wir mit unseren Sinnen. Lernen wir, mit den Händen zu sehen: Berühren wir Erde, Kräuter, Rinde, Haut und Schalen. Genießen wir die Nacht und betrachten wir den Himmel. Der Mond lädt uns ein, mit der Erde zu kommunizieren. Er schenkt uns Heilung, denn er erneuert die Verbindung zu unserem inneren Tempel. Dieser regenerierende Effekt wird uns die kommenden sechs Monate tragen. Nun ist die Zeit, in der wir nach vorn blicken. Seien wir die, die wir sein wollen, umfangen wir unser eigentliches Wesen. Bis jetzt waren wir in der Lehre, mit dem August-Vollmond vertiefen wir unsere Kenntnisse.

Wie im Juli kommt es auch im August oftmals zu einer Sonnen- oder Mondfinsternis. Die besonders kräftige Energie dieser Phasen erreicht uns bis in unsere Tiefen, sie verstärkt unsere Empfindungen und holt hervor, was verborgen lag. Dabei besteht das Prinzip der Sonnenfinsternis darin, Dinge zutage zu fördern, die wir bewusst in uns vergraben haben, während das Prinzip der Mondfinsternis aufwühlt, was unser Unbewusstes verdrängt hat. Über diese Symbolik reinigen wir also unsere Vergangenheit, wir befreien uns von schlechten Angewohnheiten, unguten Bindungen und negativen Mustern.

DAS SVADHISTHANA-CHAKRA oder Sakralchakra liegt drei Fingerbreit unter dem Bauchnabel, auf der Höhe des Kreuzbeins und der inneren Fortpflanzungsorgane. Meditieren wir mit dem Mantra des August-Vollmonds und konzentrieren wir uns auf dieses zweite Chakra, damit sich sein orangefarbenes Leuchten verstärken und ausbreiten kann.

DAS MANTRA »Ich bringe dem Leben in all seinen Formen Dankbarkeit entgegen.«
DIE INTENTION Ich danke dem Vollmond und bitte ihn, meine Ernte weiter fruchten zu lassen und mein Herz der Dankbarkeit zu öffnen.

DAS RITUAL DER FÜLLE ZU EHREN VON ERDE UND MOND
Pflücken oder besorgen wir uns eine frische Frucht, dazu getrocknete oder frische Eisenkrautblätter zur Segnung der Erde.
Praktizieren wir dieses Ritual unter freiem Himmel, dann hat es größere Intensität.
Betrachten wir den Vollmond, nehmen wie die Frucht in beide Hände und halten wir sie vor unser Herzchakra. Sie ist unsere Opfergabe, als solche vereint sie Himmel und Erde.
Danken wir dem Mond für seine Gaben. Fassen wir Intentionen der Fülle für die kommende Jahreszeit.
Nun essen wir eine Hälfte der Frucht und legen die andere in die Erde. Falls die Frucht einen Kern hat, graben wir auch diesen ein. Die Stelle bedecken wir mit Eisenkrautblättern.
Schließen wir den Kreis.

August ● Neumond

Leuchten

In dieser Phase der langen Tage zeigen sich die Energien besonders aktiv. Dennoch stehen die Zeichen auf Besinnung. Halten wir uns zur Langsamkeit an, geben wir uns einen neuen Rhythmus und fühlen wir uns dabei frei von allen Hemmnissen. Lassen wir unsere Energie leuchten, stärken wir unser Selbstvertrauen. Unsere weibliche Macht darf strahlen. Öffnen wir uns unserer inneren Klarheit, so gewinnen wir starke persönliche Kraft und Entschiedenheit. Der Neumond bringt uns dazu, uns sanft zu behaupten – ohne Urteil, ohne Schuldgefühle, einfach nur dadurch, dass wir unsere kreativen Fähigkeiten voll ausschöpfen. Er bietet uns die Möglichkeit, unser eigenes Licht zu werden, und ermutigt uns zur Unabhängigkeit.

Dank dieses Leuchtens, das seinen Ursprung in unserem Herzchakra auf der Mitte der Brust hat, erneuern wir unsere Beziehung zu anderen, sei es auf beruflicher oder privater und familiärer Ebene. Diese Neubewertung unserer menschlichen Bindungen wird tiefe Veränderungen bringen und Entscheidungen herausfordern. Mit dem August-Neumond verbinden wir uns direkt mit unseren Instinkt, wir lassen uns leiten. Hören wir auf die Stimme des Herzens.

DAS ANAHATA-CHAKRA oder Herzchakra befindet sich auf Brustmitte. Meditieren wir mit dem Mantra des August-Neumonds und konzentrieren wir uns auf dieses vierte Chakra, damit sich sein grünes Leuchten verstärken und ausbreiten kann.

DAS MANTRA »Ich nähre meine innere Flamme mit Liebe.«

DIE INTENTION Ich entdecke die nötigen Ressourcen in mir, um das Leben zu erschaffen, das zu mir passt. Ich strahle vor Selbstvertrauen.

DAS RITUAL DER GOLDHÄNDE

Öffnen wir den Kreis.

Wir sitzen allein unter dem Himmel und reiben die Handflächen gegeneinander, bis wir spüren, wie die Energie zirkuliert.

Legen wir die Hände vor uns zusammen und richten wir sie gen Himmel. Jetzt stellen wir uns vor, wie auf der Mitte unserer Handflächen runde Monde leuchten. Legen wir die Hände auf der Höhe des Herzchakras auf die Brust.

Rufen wir die Göttin Ischtar an und bitten wir sie, in uns zu leuchten und unserer weiblichen Macht den Platz zu geben, der ihr zusteht.

Spüren wir, wie die Energie zirkuliert. Formulieren wir unsere Intentionen.

Wir halten die geöffneten Hände vor uns und merken, wie die Energie sich um uns verteilt.

Schließen wir den Kreis.

August ○ Hexenmond

Ernte

ZEIT DER SEGNUNGEN

Den Beinamen »Erntemond« erhält der Augustmond von der goldenen Farbe der Ähren. Er steht eindeutig mit Fruchtbarkeit in Verbindung. Sein Aktionsfeld ist groß, denn er bringt materiellen Reichtum durch die Ernte, aber auch spirituellen Reichtum durch Selbstverwirklichung. Er ruft uns auf zu genießen und zu danken. Er möchte, dass wir neue Kraft schöpfen und an Kreativität und Motivation gewinnen. Im engen Verbund mit der Erde zeigt er uns an, dass nun die Zeit gekommen ist, Bilanz zu ziehen: Was wir gewonnen haben, soll fruchtbar sein und für neue Ernten sorgen. Konkret bedeutet das, dass wir nun die Kräuter ernten und trocknen, die uns dann während der zweiten Jahreshälfte an die warmen Tage voller flirrender Energie erinnern. Unter dem Einfluss dieses Mondes gehen wir zurück zu unseren Wurzeln, zum Kern unserer Intimität.

Nutzen wir nun, was wir seit dem Monat März auf den Weg gebracht haben: Unter dem Rabenmond haben wir die Samen ausgebracht, die wir den Herbst und Winter über gehütet haben. Das Rad der Jahreszeiten hat sich gedreht, nun stehen wir unter einem neuen Mond und ernten, was wir in den kommenden sechs Monaten trocknen und aufbewahren werden. Der Eindruck, dass sich hiermit ein Kreis schließt, tritt besonders in den letzten Augusttagen hervor, wenn wir Gelegenheit zu einem Neuanfang bekommen, obgleich die Energien nun langsam abnehmen. Dieser Mond verbindet uns mit der Vergangenheit und der Zukunft, seien wir also gut in der Gegenwart verankert. Betrachten wir die zurückliegenden sechs Monate und ziehen wir Lehren aus unserem Weg. Lernen wir, in allen Dingen die Fülle zu entdecken, so verwandeln sich auch schwierige und harte Zeiten in Erfahrungen. Dem Erntemond wohnt der Kreislauf inne, er steht sowohl für den Tod als auch die Wiedergeburt.

Unter den starken Energien dieses Mondes treten wir einen Schritt zurück und besinnen uns. Blicken wir auf unsere persönliche Ernte: Die Dinge, denen wir uns seit mehreren Monaten widmen, werden nun einer Bilanz unterzogen. Wie sieht unsere erste Ernte aus? So wie wir der Natur danken, ehren wir auch unsere Mühen und Stärken und betrachten bewusst den zurückgelegten Weg.

August ○ Heidnisches Fest

Lughnasadh

31. JULI / 1. AUGUST

Dieser große Sabbat, das »Schnitterfest« oder Lammas, spielt in vielen (keltischen, angelsächsischen, indianischen) Kulturen eine Rolle. Bei den Hopi-Indianern beging man im August den Schlangentanz, ein Ritual von Tod und Wiedergeburt: Die Männer tanzten mit einer lebenden Schlange im Mund und baten die Götter so um Fruchtbarkeit für ihren Stamm. Die Menschheit hat diesen Zeitpunkt ausgewählt, um freudig und gemeinschaftlich, oftmals mit einem Mahl, die Natur und deren Fülle zu feiern. Lughnasadh ist das erste der drei Erntefeste gefolgt von Mabon als Dankesfest zur Erntemitte und der herbstlichen Tagundnachtgleiche sowie von Samhain zum Ende der Erntesaison (31. Oktober). Es feiert die Großzügigkeit der Erdenmutter und den Höhepunkt der sommerlichen Energien. Wir empfinden tiefe Dankbarkeit, und uns wird ganz deutlich, wie eng wir mit der Erde verbunden sind. Voller Hoffnung betrachten wir die Ernte – von ihr ist in den kommenden Monaten das Überleben der Gemeinschaft abhängig.

Als Klimax der Saison zwischen Sommersonnenwende und der herbstlichen Tagundnachtgleiche ist Lughnasadh die Schnittstelle zwischen den ansteigenden, flirrenden Energien des Sommers und den vom Herbst kündenden abfallenden Energien. Es ist ein Moment der Verwandlungen, ein Portal zwischen Vollendung und Neuanfang, an dem wir uns der Veränderungen bewusst werden, die sich in der Natur, aber auch in unserem Leben abspielen.

Unsere Anbindung an die Erde und die Rückbesinnung auf uns selbst können wir feiern, indem wir unsere Hände und deren schöpferische Kraft einsetzen. Kneten wir den Teig, der rund und golden werden soll wie die Sonne, zur Preisung des Lichts. Diesen Ritus praktizierten bereits die römischen Priesterinnen, als sie Mondbrote als Opfergabe für Diana herstellten. Die Hostie der katholischen Religion nimmt dieses Motiv auf. Meditieren wir Hand in Hand, tanzen wir im Reigen und schaffen wir natürliche Kunstwerke wie Blumengirlanden oder Mandalas aus Kieseln. Sammeln wir Dinge aus der Natur – Treibholz, Meditationsstöcke, Steine, Muscheln, getrocknete Blumen, Federn, Blätter –, die mit Sonnenenergien angefüllt sind, und schmücken wir damit unseren Altar.

ÜBERLIEFERTES BROTRITUAL

Wir benötigen: 140 Gramm Bio-Weizenmehl, 150 Gramm Bio-Maismehl, 1 Tütchen Trockenhefe, 1 Teelöffel Salz, 2 Teelöffel Zucker, 2 Eier, 100 Gramm geschmolzene Butter und 250 Milliliter Milch. Dazu Weihrauch. Aus diesen Zutaten backen wir ein rundes Maismehlbrot, als Symbol für die Sonne, das Jahresrad und unsere Chakren.

Öffnen wir den Kreis und entzünden wir bei Bedarf den Weihrauch, denn er verkörpert die Sonne. Seine energetischen Eigenschaften sind beruhigend und harmonisierend.

Mischen wir Mehl und Hefe.

In einem weiteren Gefäß schlagen wir die Eier und vermengen sie mit dem Zucker, Salz, der geschmolzenen Butter und Milch. Die Mischung gießen wir auf das Mehl und verkneten alles.
Der Teig kommt in eine runde Form und wird 45 Minuten gebacken.
Zum Schluss danken wir der Natur und schließen den Kreis.
Kosten wir das noch warme Brot bei einem gemeinschaftlichen Essen. Bewahren wir ein Stück auf, das wir der Erde als Opfergabe darbieten.

August ○ Beseelte Pflanze

Eisenkraut

NAMEN Eisenkraut (*Verbena officinalis*) wird auch Taubenkraut, Katzenblutkraut, Venusader, Heiligkraut, Sagenkraut oder Wunschkraut genannt.
ES WÄCHST vorwiegend in Europa, Nordafrika und Asien. Die Pflanze erreicht eine Wuchshöhe von bis zu 80 Zentimeter. Die rosafarbenen oder blauen Blüten sind in lockeren Ähren angeordnet. Eisenkraut findet man an Wegen, am Waldrand und an Hängen. Man pflückt es im Sommer zum Neumond und Aufgang des Sirius – dem für Griechen und vor allem für Ägypter äußerst wichtigen mythischen Stern –, wenn es in voller Blüte steht und mit Energien angefüllt ist.
SEINE EIGENSCHAFTEN Zusammen mit Mistel, Bärlapp und Bunge gehört Eisenkraut zu den vier Grundstoffen, die seit der Antike verwendet werden. Druiden gaben es ihren Reinigungstränken bei. Eisenkraut ist ein Allheilmittel und vor allem bekannt für seine positive Wirkung auf die Verdauung. Außerdem fördert es Ruhe und Entspannung und kann bei Fieber verabreicht werden. Schwangeren wird von seiner Anwendung abgeraten.
SEINE SYMBOLIK Die Römer assoziierten Eisenkraut mit der Liebesgöttin Venus. Es war Bestandteil von Liebestränken, mit denen man die geliebte Person verführen wollte. Wer die Blätter trank oder aß, konnte also »bezaubert« werden. Im weiteren Sinne sprach man Eisenkraut die Fähigkeit zu, das eigene Heim zu schützen und Glück zu bringen. Man nutzte es, um Orte vor Feierlichkeiten, also etwa vor Hochzeitsbanketten, zu segnen, und man legte Kindern einige Blätter in die Taschen oder Schuhe, damit ihnen Glück und Gesundheit beschert wäre.

Wie seine Beinamen nahelegen, steht Eisenkraut in engem Bezug zu magischen Praktiken, denn es befördert Wahrsagungen und Prophezeiungen und regt die Kreativität an. Zudem diente es zur spirituellen Reinigung von Altären.

August ○ Weiblicher Archetypus

Ischtar

DIE FLAMMENDE FRAU

Die auch Inanna genannte mesopotamische Göttin ist die wichtigste weibliche Figur der Antike. Als astrale Gottheit, deren Symbol der achtzackige Stern ist, wurde sie von Babyloniern und Assyrern verehrt und tauchte bereits 3000 v. Chr. auf. Sie ist die Tochter des Mondgottes Sin, den sie nach und nach als Mondgottheit ersetzt hat. Je nach Gegend, in der sich ihr Kult verbreitete, nahm sie verschiedene Namen an. Ihre Eigenschaften finden sich später in Venus, Aphrodite und Demeter verkörpert.

Ischtar ist eine enorm strahlende Figur, denn sie personifiziert die Frau in allen Facetten ihrer Macht: Verführung, Freude, Fruchtbarkeit. Sie ist eine unabhängige Frau, eine Löwin und jungfräulich im ursprünglichen Sinn, also sexuell erfahren und frei von jeder männlichen Dominanz. Sie ist Ausdruck des weiblichen Verlangens. Im patriarchalischen Universum der Zeit bricht sie die Konventionen, denn sie präsentiert sich den Menschen als Vereinigung von Widersprüchen: Sie verkörpert die Liebe und brennt zugleich für den Krieg und den Kampf. Die Gegensätze von Yin und Yang sind bei ihr derart ausgeprägt, dass man sich in weiblicher wie in männlicher Anrede an sie wandte. Da sie ohne männlichen Gegenpart ist, vermittelt sie ein sehr positives Bild der Entfaltung und Fruchtbarkeit, besitzt zugleich aber auch eine zwiespältige Identität als heilige Prostituierte und Hexerin. Ihr Mythos entspricht dieser Dualität: Als Mondgöttin hat sie die Macht, Leben zu schenken und zu nehmen. Es heißt, Ischtar sei in die Unterwelt hinabgestiegen, um ihre Schwester, die unheilbringende Ereschkigal und Göttin des Totenreichs, zu stürzen. Während ihres Abstiegs in die Hölle trat Ischtar durch sieben Türen, die den sieben Tagen des abnehmenden Mondes entsprechen. An jeder dieser Türen musste sie eines ihrer Insignien abgeben, um dann nackt wie der Schwarze Mond vor ihre Schwester zu treten. Diese Etappen stehen für innere Wandlungen, für unsere abgelegten Häute. Ischtar wurde Gefangene der Hölle, ihre Abwesenheit auf der Erde führte zur Verwüstung. Die vor dem Abgrund dämmernde Welt forderte die Herausgabe Ischtars, die der Unterwelt aber nur entkommen könnte, wenn sie ersetzt würde. Schließlich übernahm ihr Geliebter ihren Platz, wobei ihm zugestanden wurde, einen Teil des Jahres, nämlich das Frühjahr und den Sommer, bei seiner Braut zu verbringen.

GÖTTIN DER GEHEILIGTEN SEXUALITÄT Ischtar ist der Stern, dem wir folgen müssen, um den Weg zu unserer Sexualität und Unabhängigkeit wiederzufinden. Spüren wir, wie sie tief in unserem Bauch die dort schlummernde Energie des Feuers weckt. Aktivieren wir dank ihrer Hilfe das machtvolle Kundalini, die vitale und sexuelle Kraft, die wie eine eingerollte Schlange am unteren Ende unserer Wirbelsäule liegt. Befreien wir uns von unseren unnützen Häuten, von den Blicken und Anforderungen, die von außen auf uns treffen. Tanzen wir nackt, feiern wir die Schönheit unseres Körpers. Entdecken wir mit Ischtar die wilde Frau in uns. Hören wir auf unser Verlangen. Wir verdienen Liebe.

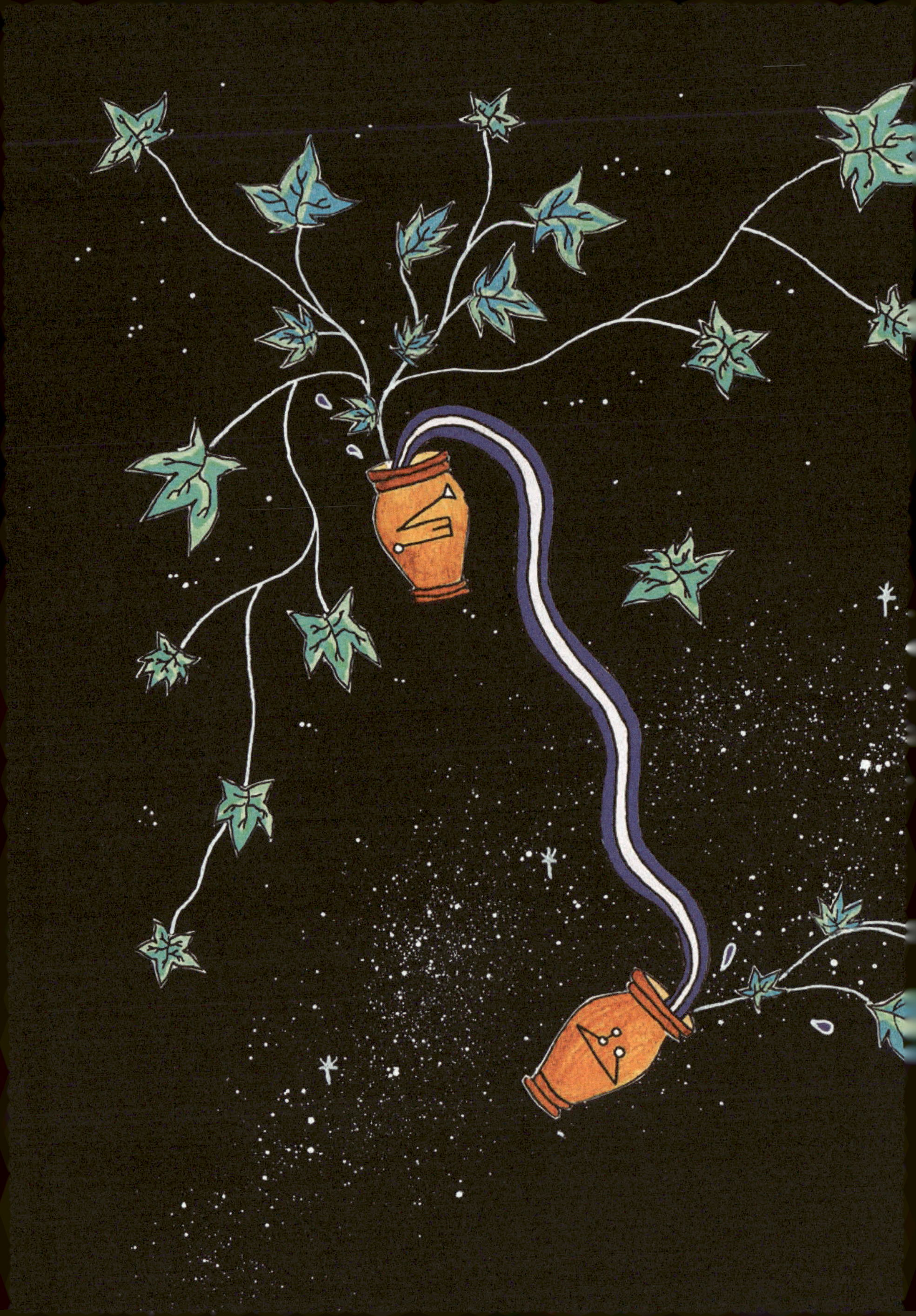

SEPTEMBER

GLEICHGEWICHT DER KRÄFTE

September ○ Vollmond

Gleichgewicht

Unter diesem September-Vollmond besinnen wir uns auf die verschiedenen Aspekte unseres Lebens und ziehen eine erste Bilanz des Jahres. Die Rückschau lässt uns unsere ersten Ernten begutachten. Schauen wir uns an, was in den vergangenen sechs Monaten bewirkt worden ist – jetzt ist die Zeit, um die Ergebnisse objektiv zu bewerten. Wir gewinnen an Gleichgewicht, wir spüren unsere Schatten- und Lichtseiten in Körper und Geist. Dieser Mond fordert uns auf, gleichermaßen an unserem Yin wie an unserem Yang zu arbeiten. Justieren wir Missklänge und öffnen wir unsere Herzen für die uns durchströmenden Gefühle. Dieser Weg betrifft sämtliche Aspekte unseres Lebens, also auch das Sexuelle. Nach einer Phase, in der wir unserer Lust gefolgt sind, halten wir nun inne und sorgen dafür, dass Geben und Nehmen in der Waage sind. Welche Vorlieben haben wir? Wie leben wir unsere Begierde? Es ist eine notwendige Zeit der tiefen Neustrukturierung.

Unter diesem Mond kann es zu Gefühlsaufwallungen kommen. Lassen wir diese zu. Seien wir nicht zu streng mit uns, Unnachgiebigkeit ist jetzt nicht gefragt. Akzeptieren wir unsere Widersprüche, denn sie können auch unsere Stärken aufzeigen. Nur wenn wir anerkennen, dass wir verletzlich sind, können wir authentisch sein. Lernen wir, auf unseren Körper zu hören – er weiß, wie er mit uns reden kann. In diesem Monat sind es der Hals – Pforte der Lunge und Herbstorgan der chinesischen Medizin – und der Thymus, die unsere gesamte Aufmerksamkeit verdienen. Beide zusammen stärken nämlich unsere Fähigkeit, uns Angriffen von außen zu widersetzen. Dieser Mond lässt unsere Sprache frei und lehrt uns gleichzeitig, aufrichtige und ausgewogene Worte zu gebrauchen. Jedes Wort enthält eine Schwingung, die wir harmonisieren müssen, um unsere Wahrheit ganz zu leben.

DAS VISHUDDHA-CHAKRA ist das Halschakra. Meditieren wir mit dem Mantra des September-Vollmonds und konzentrieren wir uns auf dieses fünfte Chakra, damit sich sein blaues Leuchten verstärken und ausbreiten kann.

DAS MANTRA »In mir wirkt die heilende Sprache.«

DIE INTENTION Ich bringe meinen männlichen und meinen weiblichen Anteil ins Gleichgewicht, ich strebe Harmonie und Wahrheit an.

DAS RITUAL: INSTINKTIVER GESANG

Suchen wir Instrumente zusammen – das können Klangschüsseln, Trommeln, Kalimbas, Schlaginstrumente, Koshi-Klangspiele und anderes sein – oder improvisieren wir Instrumente (Glocken, Regenmacher …) aus vorhandenen Gegenständen.

Öffnen wir den Kreis.

Unter diesem Vollmond nehmen wir Kontakt zur Göttin Isis auf. Bitten wir sie, uns das Gleichgewicht zu schenken, das sie mehr als alle Gottheiten verkörpert – sie kennt die Wege des Todes und die Wege des Lebens.

Nehmen wir das Instrument zur Hand, das uns anspricht, lassen wir uns von unserer Intuition leiten, spielen wir mit dem Herzen.

Wenn der richtige Moment gekommen ist, lassen wir Klänge und instinktive Gesänge aufsteigen: Mantras, Kotodamas, heilige Lieder. Vertrauen wir auf unser Bauchgefühl. Lassen wir unsere Stimme zum Mond aufsteigen.

Singen und spielen wir, solange wir möchten. Schließen wir den Kreis.

September ● Neumond
Reinigung

Mit den Energien des September-Vollmonds streben wir eine Tiefenreinigung an. Nach dem Feuer des Sommers ergießt sich das mit dem Herbst verknüpfte Element Wasser auf die Glut der vergehenden Jahreszeit. In dieser veränderungsreichen Zeit widmen wir uns unserem Körper, wir nutzen die dynamischen Kräfte des Sommers, um unsere Energien nach und nach von außen nach innen zu holen. Wenn der Körper zur Ruhe kommt, tut es ihm der Geist gleich. Bieten wir ihm an, sich in eine neue Dynamik zu begeben, die weniger intensiv, regelmäßiger und konstanter ist. Falls wir sie nicht schon verfolgen, suchen wir uns eine Betätigung, die Körper und Geist in Ausgleich bringt – jetzt ist der ideale Zeitpunkt für harmonisierende Aktivitäten. Vermeiden wir emotionale Achterbahnfahrten und passen wir auf, dass uns nach der kraftvollen energetischen Reinigung durch diesen Neumond nicht die große Müdigkeit packt – gehen wir also achtsam und nachsichtig mit uns um. Geduld ist der Schlüssel zur Stabilität. Verbinden wir uns mit der Erde, stärken wir unsere Verankerung und waschen wir in symbolischen Wassern alles von uns ab, was uns nicht mehr guttut. Wie immer geschieht dies über den Unterleib und die ersten, stabilisierenden Chakren. Wir können uns nicht erheben, wenn die Verwurzelung nicht vollzogen ist. So wie wir es mit unserem Körper tun, sollten wir auch unsere geheiligten Räume und Lebensbereiche reinigen.

DAS MULADHARA-CHAKRA oder Wurzelchakra liegt im Bereich des Damms. Meditieren wir mit dem Mantra des September-Neumonds und konzentrieren wir uns auf dieses erste Chakra, damit sich sein rotes Leuchten verstärken und ausbreiten kann.
DAS MANTRA »Meine Wurzeln tauchen in die Erdenmutter ab, ihre Energie steigt in mir auf, und ich kann mich entfalten.«
DIE INTENTION Dieser neue Zyklus lädt mich ein, meinen Körper, meinen Geist und mein Zuhause zu reinigen. Ich richte meine Gedanken auf meinen heiligen Tempel. Ich widme mich mir selbst.

DAS RITUAL DER AUFLÖSUNG

Legen wir eine Schale mit Wasser, ein Blatt Papier und einen Tintenfüller bereit.
Öffnen wir den Kreis.
Nachdem wir den Raum mit Räucherwerk (Kräutern oder Palo Santo) gereinigt haben, umgeben wir auch uns mit Rauch.
Gehen wir in uns und schreiben wir auf, wessen wir uns entledigen wollen. Beginnen wir die Sätze mit: »Ich befreie mich von …«
Wenn wir alles aufgelistet haben, was wir aus unserem Leben verbannen möchten, tauchen wir das Blatt ins Wasser, bis die tintengeschriebenen Sätze zerfließen. Da dies mehrere Stunden dauern kann, schließen wir den Kreis und warten, bis sich die Worte aufgelöst haben.
Geben wir das Wasser der Erde zurück, wenn wir den Eindruck haben, dass die Auflösung abgeschlossen ist.

September ○ Hexenmond

Gehörnter ☆ Jäger

DAS PORTAL ZUR DUNKLEN JAHRESZEIT

Dieser auch »Jägermond« oder »Gehörnter Mond« genannte Hexenmond ist für heidnische Kulturen die Pforte zum Winter. Er ließ die Menschen Vorbereitungen für die Kälte treffen und war Anlass zur Rückbesinnung. Als Zeichen der Fülle erinnerte er daran, dass es nun Zeit war,

Holz und Geerntetes einzulagern, Vorräte zu sammeln und die letzten Kräuter zu trocknen. Dieser Mond leuchtet zwischen zwei Bewegungen: eine, die sich dem Sommer zuwendet, und eine, die sich zum Winter streckt. Er lädt zu einem Reinemachen unseres Lebensbereichs ein: Wir sorgen für Ordnung und gewinnen so den nötigen Platz zur Erkundung unserer inneren Welt.

Bei den indigenen Völkern Amerikas stand dieser Mond in Verbindung mit der Jagd, durch die man ja auch winterliche Vorräte ansammelte. Der Name »Gehörnter Mond« bezieht sich auf den Hirsch als Waldgott und Seelenführer. Das Tier verkörpert eine archaische Schutzgottheit. Als Psychopompos geleitet er die Seelen der Verstorbenen ins Jenseits, sein Geweih steht dabei für den Kreislauf des Lebens.

Im Licht dieses Jägermonds steigt oft eine bisweilen unerklärliche Traurigkeit und Sehnsucht auf. Nehmen wir diese unseren Alltag trübenden Emotionen wohlwollend auf. Was wollen sie uns zeigen? Die Lehre dieses Mondes lautet, dass Traurigkeit ihren Platz hat: Die Energien berühren uns, um uns zu heilen. Welche Wunden sollten wir versorgen? Danken wir der ewigen Weisheit des Mondes, die uns dahin bringt, über uns selbst nachzudenken. So können wir uns mit größerer Ausgeglichenheit in die dunkle Jahreszeit begeben.

September ○ Heidnisches Fest

Mabon

21./22. SEPTEMBER

Zwischen Lughnasadh und Samhain gelegen ist Mabon das zweite Fest im dreigeteilten Erntedank. Als Verkörperung des Gleichgewichts der Natur findet es zur herbstlichen Tagundnachtgleiche statt. Mit dem Morgen treten wir in die dunkle Zeit ein, wir gewinnen aber auch Ruhe und Abstand. In früheren Gemeinschaften war dies ein bedeutender Wendepunkt des Jahres: Von der eingebrachten Ernte hing ab, wie man durch den Winter kommen würde. So ist Mabon auf symbolischer Ebene eben auch der Moment, von den Früchten unserer Tätigkeit zu profitieren: Wir dürfen stolz auf unsere »Opfer« sein. Wir versammeln uns zu gemeinschaftlichen Aktivitäten. Wir bewegen uns nun nicht mehr in einer Energie der Offenheit und Aufgeschlossenheit, sondern in einer Phase der Sammlung und der Stärkung menschlicher Beziehungen. Mabon dankt für die Ernte und lädt uns dazu ein, einzelne Lebenskapitel zu schließen. Treffen wir konkrete Entscheidungen. Beenden wir eine Beziehung, befreien wir uns von Lebensmustern, die uns zuwiderlaufen. Das Gleichgewicht stellt sich zwischen dem Ernten und Loslassen von selbst ein. Nun ist auch der Moment, an dem wir uns für die kommende Jahreszeit wappnen und Eingemachtes zubereiten. Durch diese Tätigkeit gleichen wir die länger werdenden Nächte aus, wir gehen auf die Anzeichen der dunklen Jahreszeit und die Beruhigung der hohen sommerlichen Feuerenergien ein. Die Tagundnachtgleiche ist eine Pforte, die uns dahin bringt, unser Leben zu hinterfragen und für ein umfassendes Gleichgewicht zu sorgen. Wir verlangsamen uns ebenso wie die Natur.

DAS KRANZ-RITUAL

Hierzu benötigen wir Efeuzweige, Draht und eine Schnur aus Naturfasern.
Um gemeinsam Mabon zu feiern, können wir dieses Ritual auch zu mehreren praktizieren.
Öffnen wir den Kreis.
Binden wir Kränze, die den heiligen Kreis der Jahreszeiten symbolisieren. Efeu steht für Ausgleich, Stabilität und tiefe Verbundenheit.
Um einen Kreis aus Draht wickeln wir die Efeuzweige, die wir mit dem Naturfaserband befestigen.
Danken wir der Natur und dem Geist des Efeus. Schließen wir den Kreis.
Die Kränze können unseren Altar schmücken oder getragen werden.

September ○ Beseelte Pflanze

Erdefeu

NAMEN Erdefeu *(Glechoma hederacea)* wird auch Gundermann oder Gundelrebe, Blauhuder, Soldatenpetersilie und Zickelskräutchen genannt. Es gehört zu den St.-Johannis-Heilkräutern.
ER BLÜHT von März bis Oktober. Die immergrüne Kriechpflanze ist in den gemäßigten Zonen Europas, Nordamerikas und Asiens verbreitet, wo sie an Baumstämmen und auf Felsen wächst.
SEINE EIGENSCHAFTEN Erdefeu hat viele positive Eigenschaften: Er wirkt belebend, hat einen hohen Vitamin-C-Gehalt und fördert die Wundheilung. Sämtliche Teile des zarten Bodendeckers können verwendet werden. Mit den langen Ausläufern lassen sich Kränze flechten.

SEINE SYMBOLIK Als immergrüne Pflanze steht Erdefeu für die Wiedergeburt, für die Verbindung zwischen Leben und Tod, für das ewige Leben. In dieser Bedeutung sah man in ihm ein Zeichen des unsterblichen Osiris. In vielen Kulturen gilt Efeu als Glücksbringer. Da er Ausdauer und Robustheit ausstrahlt, ist er das ideale Symbol für eine treue Liebesbeziehung: Wer Liebe finden wollte, legte sich ein Efeublatt unters Kopfkissen, Frischvermählte schmückte man mit einem Efeukranz. Eine solche grüne Krone findet man auch bei druidischen Zeremonien, wobei der Efeu sich dann auf die doppelte Göttin bezog – die Göttin, die gibt und nimmt wie der Lebenszyklus. Efeublätter sind heilig, sie verweisen auf die Mondgöttin, denn die Pflanze begünstigt die Wahrsagung und die Suche nach sich selbst. Ihre enge Anbindung an Erde und Stein macht sie zum Symbol fester Verwurzelung und tiefer emotionaler Bindungen – eine Kraft, die manchmal auch erdrückend wirken kann.

September ○ Weiblicher Archetypus

Isis

DIE MAGIERIN

Isis ist die Hauptgöttin, die Muttergöttin und Garantin der Natur und des Lebens. Sie besitzt eine unvergleichliche Macht, die auf mehrere Jahresetappen ausstrahlt: auf den Juni, da sie mit dem Zeichen Krebs in Verbindung steht; auf den August, wenn sich das Portal des Löwen öffnet und ihr Stern Sirius auf eine Linie mit Erde und Sonne steht und Energien freisetzt, die sich auf unseren Lebensweg auswirken. Im September bezieht sie sich vor allem auf das Gleichgewicht, das sie als doppelte Göttin verkörpert. Denn sie ist Ernährerin und Zerstörerin zugleich, sie bewegt sich auf dem schmalen Grat zwischen Leben und Tod: dem Tod, dem sie nahesteht und dem sie sich widersetzt, und dem Leben, das sie als Muttergöttin symbolisiert. Als Figur tiefer Weiblichkeit und Beschützerin von Geburten ist ihr das heilige ägyptische Symbol des Isisknoten zugeordnet. Er wird auch Isisblut oder Tit-Amulett genannt und ist ein machtvolles magisches Schutzzeichen, das Frauen in den Wehen trugen, damit die Geburt gut verlaufen möge. Die nach drei Geschwistern am vierten Tag der Schöpfung geborene Isis steht in enger Verbindung mit den vier Mondphasen und vier Jahreszeiten. Ihr gehört das Element Wasser mit dem Nil an, daher assoziiert man mit ihr auch das Meer und die Ebbe und Flut der Emotionen. Isis steht am Ursprung bedeutender esoterischer Kulte, die sich über die Grenzen Ägyptens hinweg nach Griechenland und ins Römische Reich ausbreiteten. Sie repräsentiert darin die Weisheit, die Erde und den Mond. Isis-Statuen, die sie als schwarze Göttin darstellen, sind als Repräsentationen der Mondfinsternis zu deuten. In Griechenland verdrängte Isis irgendwann vollends den Mondgott und war Anlass für geheime Initiationsriten, die sogenannten Isis-Mysterien. Diese okkulte Dimension beinhaltet Isis seit den Anfängen ihres Mythos, denn sie gilt als »große Magierin«: Ihr gelingt es, den zerstückelten Körper ihres Gatten Osiris zusammenzufügen und ihn so ins Leben zurückzuholen. Sie hat damit *re-membered*, wie es im Englischen heißt, sie hat sich schöpferisch erinnert. Dank Isis hilft die Vergangenheit, die Zukunft zu bauen. Die Erinnerung ist der Zement, der uns zusammenfügt, damit wir uns wiederfinden.

DIE GÖTTIN DER SCHÖPFERISCHEN KRAFT Lassen wir folgenden Satz auf uns einwirken, der unter einer Isisfigur in Stein gemeißelt wurde: »Ich bin das All, das Vergangene, Gegenwärtige und Zukünftige, meinen Schleier hat noch kein Sterblicher gelüftet.« Die Hüterin der tiefen Weiblichkeit ermuntert uns, eine verborgene Dimension in unser Leben zu lassen. Nehmen wir das Rätsel an, das jedem Ding innewohnt. Und kultivieren wir unser eigenes Geheimnis: Ehren wir die Magierin von großer schöpferischer Kraft, die wir doch selber sind. Pflegen wir unseren geheimen Garten, geben wir ihm unsere vergangenen Erfahrungen und empfangen wir die unendlichen Möglichkeiten der Zukunft. Nehmen wir uns Zeit, diesem Garten in der Stille unseres inneren Tempels beim Erblühen zuzusehen. Entdecken wir die Bedeutung des Ritus. Isis vereint uns mit unserer spirituellen Dimension: Öffnen wir unsere Seele für die hintergründige Welt.

OKTOBER

QUELLE DER INNERLICHKEIT

Oktober ○ Vollmond

Übergang

Die ersten Fröste treiben uns an, uns in unsere inneren Gefilde aufzumachen. Dieser Mond will uns zum Zusammenhang zwischen Leben und Tod befragen. Er offenbart uns das Rätsel des Kreislaufs, indem er uns die Möglichkeit bietet, Kontakt mit unserem wahren Wesen aufzunehmen. Verbinden wir also Körper und Seele auf allen Ebenen und tauchen wir in unsere Tiefen ab. Wir setzen die Reinigung fort, die wir mit dem September-Vollmond begonnen haben: Wir lassen sterben, was vergehen muss, um den Prozess der Wiedergeburt zu beginnen. Dieser Mond steht für den Übergang und lädt uns ein, Veränderungen aufzunehmen, die mit dem Intimen und mit verborgenen Wünschen zu tun haben. Wir schauen auf unseren inneren Kompass und wenden uns unserem Instinkt zu. Er ermöglicht uns die Heilung von allem, was uns daran hindert, ganz wir selbst zu sein. Lassen wir diesen heilenden Abschied zu. Während der vergangenen Monde haben wir unsere Energien auf die Erde konzentriert – jetzt, da wir fest verankert sind, können wir sie nach oben richten. Schenken wir uns die Möglichkeit zu einer erhebenden spirituellen Reise, die uns unsere Intuition entdecken lässt. Legen wir besondere Betonung auf die Meditation mit dem Dritten Auge, denn es ist die Pforte zur inneren Kommunikation.

DAS AJNA-CHAKRA ist das Dritte Auge und Zentrum der Intuition. Es liegt auf der Mitte der Stirn zwischen den Augenbrauen. Meditieren wir mit dem Chakra des Oktober-Vollmonds und konzentrieren wir uns auf dieses sechste Chakra, damit sich sein indigofarbenes Leuchten verstärken und ausbreiten kann.

DAS MANTRA »Ich verbinde mich mit meiner Quelle und vertraue meiner Intuition.«

DIE INTENTION Ich lebe diesen Mond wie einen Übergangsritus. Ich lasse hinter mir, was sterben muss, damit ich selbst neu geboren werde.

DAS RITUAL: DER INNERE FLUSS

Wir benötigen Heilsteine, die Halt (Granat) oder Schutz (Tigerauge, Obsidian) schenken.

Öffnen wir den Kreis.

Wir setzen uns und nehmen die Steine in die Hände.

Wir atmen mehrmals ein und aus. Konzentrieren wir uns auf den Punkt, der mittig auf der Stirn, zwischen den Augenbrauen liegt.
Stellen wir uns vor, dort befände sich eine Tür: Wir öffnen diese und steigen eine Treppe hinab. Unten ist ein Fluss, den wir überqueren möchten. Doch vorher müssen wir zurücklassen, was wir nicht mehr brauchen und uns am anderen Ufer hinderlich wäre: Kleider, eine Tasche, eine Haarsträhne, ein Knochen, ein Stein, ein Gefühl, eine Trauer, eine Person …
Wenn wir bereit sind, lassen wir uns in den Strom gleiten. Schwimmen hinüber. Am anderen Ufer angekommen danken wir den Heilkräften des Wassers für unsere Wiedergeburt.
Schließen wir den Kreis.

Oktober ● Neumond

Entwicklung

Der Neumond dieses Monats will an unseren Beziehungen arbeiten und für Ausgleich sorgen. Auf der einen Seite festigen wir das tiefe Band zu den Angehörigen unserer »Sippe«, auf der anderen Seite kappen wir auch Verbindungen und gehen auf Abstand. Angetrieben durch unsere Suche nach Wahrheit und Harmonie streifen wir als erdrückend empfundene Beziehungen ab. Wir werden an Trennungen nicht vorbeikommen, doch ist dieser schwierige Weg eben jener der befreiten Frau. Manchmal muss man loslassen, um zu wachsen. Schreiten wir also mutig voran und überwinden wir eine Etappe auf unserem persönlichen und spirituellen Pfad, erheben wir uns und gewinnen wir an Weisheit. Dieser Mond der Entwicklung hilft uns, einengende Barrieren umzuwerfen. Unterstützen wir uns durch das Solarplexuschakra, das Quelle der Lebensenergie ist. Es schenkt uns Willenskraft, Beherrschung und Sicherheit.

DAS MANIPURA-CHAKRA ist das Zentrum des Solarplexus. Meditieren wir mit dem Mantra des Oktober-Neumonds und konzentrieren wir uns auf dieses dritte Chakra, damit sich sein gelbes Leuchten verstärken und ausbreiten kann.
DAS MANTRA »Ich treffe Entscheidungen, die nicht von Angst geleitet sind.«
DIE INTENTION Ich nehme meinen Lebensweg bewusst in die eigene Hand. Ich halte mich an die Meinen.

DAS RITUAL DER SCHAMANISCHEN PFLANZEN

Für diesen Reinigungsritus benötigen wir eine Mischung getrockneter heiliger Pflanzen, die unbedingt Salbei enthalten sollte, und dazu eine tragbare Räucherschale. Wir können aber auch ein Räucherbündel (Smudge Stick) und eine große Seeohr-Schale verwenden. Legen wir außerdem eine Feder bereit.

Öffnen wir den Kreis.

Fassen wir die Intention, unseren Körper, unseren Wohnbereich, unsere Kristalle und spirituellen Gegenstände zu reinigen.

Beginnen wir mit dem Räuchern der Pflanzen: Sobald sie satten Rauch ausströmen, lenken wir diesen mithilfe der Feder auf uns und reinigen so unseren Körper.

Öffnen wir ein Fenster und gehen wir mit dem Rauchwerk in der Hand durch jedes Zimmer, wobei wir uns im umgekehrten Uhrzeigersinn drehen: Der Drehsinn des Mondes vertreibt alles Negative. Wir enden am Eingang des Hauses. Falls es mehrere Etagen gibt, beginnen wir in einem der obersten Zimmer. Kehren wir zu unserem Altar zurück und ziehen wir unsere Steine und Objekte durch den Rauch.

Ist die Reinigung vollzogen, schließen wir den Kreis.

Oktober ○ Hexenmond

Blut ☆ Blätter

DIE FEIER DES ZUHAUSES

In der Hexentradition steht dieser Mond in Zusammenhang mit Blut: dem Blut der für den Winter gepökelten Schlachttiere und dem Blut unserer Ahnen. Wir beginnen nun eine Phase der Vorbereitung, denn die kalte Jahreszeit und die dunklen Abende stehen bevor. Es ist Zeit, uns nach innen zu wenden, wir widmen uns unserem Ich und unserem Zuhause. Bereiten wir uns einen Kokon, der uns die nächsten Monate aufnimmt. Schmücken wir unseren Altar mit Dingen aus der noch wachen Natur, trocknen wir die letzten Kräuter. Dieser Mond der Blätter und letzten Ernten kündigt eine Zeit des spirituellen Wachsens an. Er steht für das Zuhause und die Familie, wir gehen hinein und suchen Verbundenheit.

Unter dem Schutz des Blutmonds schließen wir die Augen und reisen in unser Innerstes, um Harmonie zu erlangen. Hören wir auf die Schläge unseres Herzens, spüren wir das Leben in dem Blut, das durch unsere Adern fließt. Dieses Blut birgt die Geschichte unserer Vorfahren und die Erinnerung an unsere mütterliche Linie. Empfangen wir dieses Vermächtnis wie einen Schatz. Nutzen wir die Energie, um uns einen Kokon zu bauen, kümmern wir uns um unsere innere Ökologie, fühlen wir uns als Frau unter Frauen. Was ist uns an der Verbindung zu unseren Ahnen besonders heilig? Wie können wir mit allen seit der Nacht der Zeiten geborenen Frauen in spirituellen Kontakt treten?

Oktober ○ Heidnisches Fest

Samhain

31. OKTOBER / 1. NOVEMBER

Zwischen der Tagundnachtgleiche des Frühlings und der Wintersonnenwende gelegen ist Samhain das letzte Erntefest. Es leitet den Winter ein und bereitet die Erde auf die kommende Kälte vor. Diese Nacht markiert das Ende und den Beginn des keltischen Jahres. Die Anbindung an die mystische Welt ist nun besonders stark. In Fortführung der letzten Monate erlaubt Samhain ein Nachsinnen über das vergangene Jahr: Wir ziehen Bilanz darüber, was sich als günstig und was sich als ungünstig erwiesen hat. Wir betrachten unsere Ernte. Das im 19. Jahrhundert zu »Allerheiligen« umbenannte Fest behält seine Aura als spirituelle Pforte zwischen der immateriellen und der physischen Welt.

In dieser Nacht ziehen der Schatten und das Schweigen, der Tod und die Wiedergeburt vorüber. Sie bringt starke Energien in Bewegung. Samhain steht mit der Göttin Crone, dem »alten Weib«, in Zusammenhang, einer Erscheinungsform der dreifaltigen Göttin in der heidnischen Tradition. Crone öffnet uns der Hellsicht und Weisheit. Wir blicken über die Welten hinweg und knüpfen an den gesamten Lebenszyklus mit Vergehen und Wiedergeburt an. Auf symbolischer Ebene zieht sich die Göttin in den Leib der Erdenmutter zurück, um dort zu sterben und wiedererweckt zu werden. Diese Nacht ist Anlass, unsere Vorfahren und Ahnen zu ehren: Wir entzünden Kerzen, um ihre Seelen zu leiten, wir bringen der Erde Opfer dar. In der Stille und der tiefen Anbindung an die hintergründige Welt lüften wir den Vorhang des Unaussprechlichen.

DAS RITUAL DER AHNEN

Wir benötigen Kerzen, eine Rolle weißen Faden und eine Schere.

Wir huldigen unseren Ahnen. Das Ritual kann in einer Gruppe oder im Kreise der Familie durchgeführt werden.

Öffnen wir den Kreis.

Entzünden wir die Kerzen. Wenden wir uns an Ixchel, Schutzherrin der Weberinnen und Göttin des Lebenszyklus, damit sie uns hilft, an unsere Abstammung anzuknüpfen.

Nehmen wir nun den Faden zur Hand und entrollen wir ihn, wobei wir die Namen unserer mütterlichen und väterlichen Linie aussprechen: »Ich bin …, Mutter von …, Tochter von …, Enkelin von …, Urenkelin von …, Ururenkelin von …«

Gehen wir so weit zurück, wie unser Wissen es zulässt.

Wenn wir geendet haben, schneiden wir den Faden ab und knoten die Enden zusammen. Den Knoten versiegeln wir mit Kerzenwachs.

Fühlen wir uns als Teil dieses Kreises. Geben wir uns Zeit, die Emotionen einwirken zu lassen.

Nun vergraben oder verbrennen wir den Faden.

Schließen wir den Kreis.

Oktober ○ Beseelte Pflanze

Salbei

NAMEN Echter Salbei *(Salvia officinalis)* ist auch bekannt als Edelsalbei, Altweiberschmecken oder Scharleikraut. Er gehört zu den St.-Johannis-Heilkräutern.

ER WÄCHST heute in der Mittelmeerregion, stammt aber ursprünglich aus Zentralasien. Wildwachsend findet man ihn an Ruinen oder Mauern, in Europa und Nordamerika wird Salbei angebaut. Er blüht von Mai bis Juli und wird am besten in dieser Zeit kurz vor der Sommersonnenwende geerntet, wenn er voller Energien steckt.

SEINE EIGENSCHAFTEN Salbei wird bei Verdauungsproblemen und Menstruationsbeschwerden empfohlen, denn er beruhigt das Nervensystem und wirkt kräftigend und krampflösend. Schwangeren oder Stillenden wird von der Anwendung abgeraten, ebenso kontraindiziert ist er bei hormonabhängigen Krebserkrankungen oder Epilepsie. Nicht umsonst gilt Salbei als König unter den Heilkräutern: Seine starken Tugenden sind seit der Antike bekannt, und der lateinische Name *salvia* geht auf *salvare* für retten oder heilen zurück. Man schreibt ihm zahlreiche Wohltaten zu – jenen, die ihn sporadisch, aber regelmäßig zu sich nehmen, schenkt er anhaltende Gesundheit.

SEINE SYMBOLIK Salbei ist Bestandteil vieler magischer Zubereitungen. Als Symbol der Weisheit und der Heilkraft wurde Salbei im antiken Rom von »Priestern« gesammelt. Druiden ernteten das heilige Kraut mit einer goldenen Sichel. Schamanen verwenden Salbei, weil er das Reisen in andere Ebenen begünstigt. Seine größte Tugend ist jedoch die Reinigung, denn er bringt die Energien ins Gleichgewicht und vertreibt negative Einflüsse. Verräuchert reinigt er Orte, Altäre, physische wie hintergründige Körper, Steine und Wahrsageobjekte. Er kommt bei vielen und insbesondere bei indianischen Ritualen zum Einsatz.

Oktober ○ Weiblicher Archetyp

Ixchel

DIE DOPPELTE, ZYKLISCHE FRAU

Wie viele Mondgöttinnen erscheint auch die Maya-Göttin in Gestalt von zwei Frauen verschiedenen Alters. Es heißt, bei Ixchel könnte es sich sogar um den Zusammenschluss zweier Hauptgöttinnen handeln. In der Maya-Kultur gehört sie ohne Zweifel zu den wichtigsten Gottheiten. Sie wird mit den Zügen einer alten Frau dargestellt, die eine Schlange auf dem Kopf trägt und deren Körper mit Gebeinen behängt ist, manchmal besitzt sie auch Jaguarkrallen. Sie verkörpert also die dunkle Seite, den abnehmenden und schwarzen Mond. Ixchel ist eine gefürchtete Göttin, denn sie bringt Tod und Zerstörung. Als Göttin des Wassers verursacht sie Katastrophen: Gewitter, Regen und Überschwemmungen, die sie jederzeit auf die Erde schicken kann. Bei Mondgöttinnen findet man oft eine zweigeteilte Persönlichkeit, denn ihre Kräfte stehen sich entgegen, indem sie den Tod und das Leben verkörpern.

Für die junge Göttin Ixchel steht nämlich der strahlende Vollmond, der die Erde herrlich erleuchtet. Auch die junge Ixchel besitzt das Attribut Wasser, das sie aus einem Trog gießt, der ihren Uterus und die Quelle ihrer Fruchtbarkeit darstellt. Sie ist die Hüterin unseres geheiligten Tempels – unserer Yoni, also der weiblichen Genitalien –, sie wacht über Schwangerschaft und Geburt. Als Herrin über die Lebenszyklen hat sie den Menschen die Kunst des Webens geschenkt, daher ist sie Patronin der Weberinnen. Ihre doppelte Erscheinung ermöglicht ihr, zugleich im Schatten und im Licht zu stehen. Mit ihrem Wasser segnet und heilt sie. Frauen, die sich an Ixchel wandten, profitierten insbesondere nach einer Geburt von der Wohltat eines reinigenden rituellen Bads. Mithilfe des Wassers liest Ixchel in den Seelen und wird zum Orakel. So verkörpert sie auch die Wahrsagekunst.

DIE GÖTTIN DER SCHWESTERNSCHAFT Verbünden wir uns mit der mächtigen Ixchel, die Heilung, Hellsicht und Schutz bringt. Werden wir wie sie, werden wir Weberinnen, knüpfen wir Verbindungen zwischen uns und der Außenwelt. Lernen wir, andere Frauen mit Wohlwollen zu betrachten, legen wir die Angewohnheit des Urteilens ab, akzeptieren wir andere in ihrer Ganzheit und Fremdheit. Seien wir uns bewusst, dass Vorwürfe an andere im Grunde uns gelten. Hören wir auf Ixchels Botschaften, denn sie lehren uns das Wissen um das Heilige und die göttliche Kunst der Anbindung an die Welt.

NOVEMBER

DIE SCHÖNHEIT DER VERWANDLUNG

November ○ Vollmond

Alchimie

Dies ist der Vollmond der Verwandlung und hohen Spiritualität. Er gehört in eine Zeit, da die über das Jahr geernteten Samen bis zur Jahreszeit des Erwachens und der Wiederkehr des Frühlings behütet werden müssen. Bereiten wir uns auf das Morgen vor, indem wir ganz im Jetzt verwurzelt sind. Wachen wir über unsere inneren Gefilde, schenken wir ihnen Zuneigung und Wärme, denn nun beginnt eine Phase der Transmutation des Ichs. Das alchimistische Prinzip verwandelt einen Stoff in einen anderen und legt so die ursprünglichen Schöpferkräfte frei. Die Praktik der Transmutation ist ein Pfad zur persönlichen Erfüllung. Die Alchimie erinnert an die Metamorphosen der Mondphasen – an Geburt, an Tod und Initiation, an Wiedergeburt. Diese Entwicklungsschritte fordern Verlangsamung und Verwurzelung von uns.

Nehmen wir diesen Mond als Gelegenheit, uns ganz uns selbst zu widmen, stellen wir unseren Rhythmus auf den der Jahreszeit ein. Leben wir langsamer, lassen wir uns Zeit, die Erlebnisse und Erfahrungen des Jahres in uns aufzunehmen. Die starken Vibrationen des Mondes verlangen unsere Energie. Um sie aufbringen zu können, stützen wir uns auf die Kraft unserer Wurzeln. Spüren wir, wie sich unser Fundament streckt, öffnen wir unser erstes Chakra. Wenn wir ein Gleichgewicht zwischen den Kräften der Erde und den Energien des Himmels erreichen, können wir übersinnliche Fähigkeiten entwickeln: Unsere Träume werden stärker und überbringen Botschaften für das Morgen.

DAS MULADHARA-CHAKRA ist das Wurzelchakra und liegt am Perineum, also im Dammbereich. Meditieren wir mit dem Mantra des November-Vollmonds und konzentrieren wir uns auf dieses erste Chakra, damit sich sein rotes Leuchten verstärken und ausbreiten kann.
DAS MANTRA »Ich verbinde mich mit der Erdenmutter. Ich vertraue ihr und nehme ihren Rhythmus in mich auf.«
DIE INTENTION Ich werde zur Alchimistin meines Lebens. Ich verwebe meine Erfahrungen, um mich verwandeln zu können.

DAS RITUAL: HEILIGES BAD

Bereiten wir uns ein rituelles Bad, das in enger Verbindung mit den Energien des Wachstums steht und einen Pfad zur Erdenmutter und der Welt der Pflanzen eröffnet. Ein solches Bad hat die Kraft, uns über den

Kontakt mit unserem physischen Körper mit unserer Spiritualität zu verbinden.

Stellen wir passende Zusätze zusammen und nehmen etwa die Heilpflanze des Monats, das Heidekraut, als schützendes Element, dazu Apfel für Weisheit und eine Anbindung an die tiefere Welt, Lavendel für inneren Frieden und Ausgeglichenheit, Thymian für innere Wahrheit und die Verankerung mit der Erde.

Öffnen wir den geheiligten Raum.

Wir lassen die Pflanzen in kochendem Wasser ziehen und gießen den Sud in unser Badewasser oder nach dem Duschen über unseren Körper.

Reinigen wir das Bad mit entsprechendem Rauchwerk oder Palo Santo. Klären wir unsere Intentionen.

Nehmen wir nun ganz bewusst unser Bad und danken wir am Ende den Heilkräften der Pflanzen.

Schließen wir den Kreis.

November ● Neumond

Blick nach innen

Mit diesem Mond stehen wir vor einem energetischen, symbolischen Portal. Er lädt uns ein, nach innen zu schauen. Spüren wir, über welches Potenzial wir verfügen, und aktivieren wir unsere schöpferische Kraft. Der November-Neumond lässt unser Yin frei, nehmen wir es dankbar auf. Durch den Blick nach innen lassen wir unsere Seele erstarken, wir entwickeln unsere Intuition und folgen dem eigenen Pfad. Die Jahreszeit, in der alle Früchte gereift sind, hält auch schon die Samen für die Zukunft bereit. Empfangen wir die Nacht in ihrer ganzen Tiefe, nehmen wir sie vertrauensvoll in uns auf, denn dort ist genug Licht, um unseren inneren Tempel zu erleuchten. Alles ist und war schon immer in uns. Wir können diese Kraft wiederentdecken, wir können unser eigener Leuchtturm sein. Und wir sind nicht allein: Die Göttinnen und Ratgeberinnen, mit denen wir nun schon einige Monate arbeiten, begleiten uns auf unserem Weg. Wir wissen nun, dass die Kraft in uns selbst wächst, tief in unserem Bauch. Wir sind Hüterinnen dieser Macht. In dieser Nacht wechseln wir auf die andere Seite. Öffnen wir uns der Erfahrung eines symbolischen Todes, reisen wir zwischen den Welten und lassen wir zu, dass sich wertvolle karmische Heilungen vollziehen. Nehmen wir unsere schöpferischen und mystischen Anteile an.

DAS AJNA-CHAKRA ist das Dritte Auge und Zentrum der Intuition. Es liegt auf der Mitte der Stirn, zwischen den Augenbrauen. Meditieren wir mit dem Mantra des November-Vollmonds und konzentrieren wir uns auf dieses sechste Chakra, damit sich sein indigofarbenes Leuchten verstärken und ausbreiten kann.

DAS MANTRA »Meine schöpferische Kraft verbindet sich mit meiner Imagination.«

DIE INTENTION Ich wecke mein schöpferisches Yin und gebe zugleich darauf acht, meinen Rhythmus zu verlangsamen.

RITUAL DES ABSTEIGENDEN DRITTEN AUGES

Legen wir unser Mondtagebuch und einen Stift bereit.

Öffnen wir den Kreis.

Nehmen wir eine meditative Sitzposition ein, schließen wir die Augen, verlangsamen wir bewusst unsere Atmung.

Bitten wir Lilith – die Verkörperung der Schaffenskraft und Herrin der Unterwelt –, uns auf unserem Abstieg zu begleiten.

Visualisieren wir mittig auf der Stirn unser Drittes Auge. Es kann sein, dass sich dieser Punkt irgendwann warm anfühlt.

Legen wir die Hände darauf.

Führen wir das Dritte Auge in unseren Händen sanft nach unten, bis es an unserm Uterus angelangt ist. Lassen wir die Hände auf unserem Bauch ruhen und warten wir.

Öffnen wir uns den Botschaften, Ideen, Vorhaben und Gelüsten, die im Augenblick oder auch in den folgenden Tagen in uns aufsteigen. Notieren wir sie.

Danken wir der Göttin. Schließen wir den Kreis.

November ○ Hexenmond

Biber ☆ Nebel

RÜCKZUG IN DIE STILLE

Dieser Hexenmond liegt im Einfluss von Samhain und öffnet den Zyklus des Todes. Mit seinem Beinamen »Nebel- und Trauermond« verdeutlicht er die Feindseligkeit der kommenden Jahreszeit. Wenn wir uns in die Meditation und Stille begeben, erleben wir starke hellsichtige Schwünge. In der indianischen Kultur war der Castor-Mond der letzte nach Tätigkeit rufende Mond des Kalenderjahres. Besiegeln wir Projekte und Beziehungen, die an ihr Ende gelangt sind. Im Schamanismus vereint die Kraft des Bibers Wasser und Erde, die Elemente von Herbst und Winter. Wir sind eingeladen, uns auszuruhen und von der Zeit der langen Nächte zu profitieren. Der Biber baut vor, er stellt sich auf die Kälte ein und lehrt uns Organisation und Verantwortung, damit wir den Winter überstehen. Der Auftritt dieses Mondes ermuntert uns, zu Hause letzte Ordnung zu schaffen und das, was wir zu viel haben, an Bedürftige weiterzugeben. Kümmern wir uns um unsere Wahrsageobjekte, um die während der letzten Monate getrockneten Kräuter, um unsere Kerzen – all das sollte bereitliegen, wenn wir es benötigen.

Umgeben wir uns mit den Nebeln dieses Monats, nehmen wir sie schweigend an. Wie die amerikanischen Ureinwohner ziehen wir uns ins »Tiyoweh« zurück – in einen geheiligten inneren Raum, in dem wir vor der lärmenden, wütenden Welt geschützt sind. An diesem intimen Ort, in der Höhle unserer Gebärmutter, schenken wir unserer leisen inneren Stimme den Platz, den sie für ihre Entfaltung braucht. Geben wir uns dieser Entdeckung ohne Furcht hin. Und fragen wir uns aufrichtig, welchen Platz wir dieser ursprünglichen Wahrheit in unserem Leben zugestehen.

November ○ Beseelte Pflanze

Heidekraut

NAMEN Heidekraut (*Calluna vulgaris*) ist auch als Erika, Immerschön oder Besenheide bekannt.

ES WÄCHST außerhalb kalkhaltiger Böden, bevorzugt in Meeresnähe, in Wäldern und auf sandigen Flächen. Seine Blüte dauert von Juli bis September. Man findet Heidekraut vor allem in der sibirischen Steppe und in der schottischen Heide.

SEINE EIGENSCHAFTEN Die Heilkraft des Heidekrauts ist seit Langem bekannt und besteht vor allem in der Reinigung der Harnwege. Die blutreinigende, harntreibende und entzündungshemmende Pflanze lindert auch Gelenkschmerzen, da sie antirheumatisch wirkt.

SEINE SYMBOLIK Als »Elfenkraut« bedeckt es die Heide, um böse Geister zurückzuhalten und die Menschen vor dem bösen Blick zu bewahren. Druiden beriefen sich auf die Wohltaten des Heidekrauts, um die Sippe zusammenzuschweißen und der Gemeinschaft Glück zu bringen. Mit Bezug auf seine schützenden Eigenschaften deckte man Hütten und Scheunen mit den biegsamen Stängeln. Außerdem diente es zur Zubereitung von Getränken – in Schottland braute man daraus »Heidebier«. Das belebende und reinigende Kraut symbolisiert die Freude am Zusammensein. Und es ist das klassische Hexenkraut, da es zur Herstellung von Besen dient. Das Volk der Sinti und Roma sieht im Heidekraut einen Glücksbringer und fertigt daraus Amulette.

November ○ Weiblicher Archetyp

Lilith

DIE FREIGELASSENE FRAU

Der Name evoziert viel mehr als eine mesopotamische Muttergöttin, denn Lilith ist Teil einer Legende des Aufruhrs. In der Astrologie wird sie mit dem Schwarzen Mond gleichgesetzt und steht damit in der allgemeinen Wahrnehmung für eine uralte Angst und tiefe Faszination zugleich. Lilith bewegt sich in dunklen Sphären, sie nutzt verborgene Energien und gleicht der abnehmenden Phase des Nachtgestirns. Man stellt ihr den Löwen zur Seite, als Symbol der Kraft, aber auch Nachtvögel wie die weise Eule. In den mesopotamischen Mythen findet man Lilith in Gestalt eines nächtlichen Dämons: eine wilde und unbändige Figur, die mit Wind und Sturm assoziiert wird. Voller Furcht blickt man auf die sexuelle Macht dieser Verführerin von Männern wie Frauen, die zahllose finstere Kinder gebiert. Lilith nimmt den Mythos des Vampirs vorweg, indem sie bei Nacht umherstreift, in Häuser eindringt, die Bewohner sexuell »aussaugt« und den Tod zurücklässt. Sie wird daher auch mit den legendären Succuben – böswilligen, verführenden Dämonen in weiblicher Gestalt – in Verbindung gebracht.

In der esoterischen Lehre des Judentums, der Kabbala, wird Lilith zur ersten Frau Adams vor Eva. Sie widersetzt sich der männlichen Vormacht und wird so zum Symbol von heiliger Weiblichkeit, Revolte und Freiheitsliebe. Sie ist Adam ebenbürtig, aus demselben Lehm erschaffen, und weigert sich daher, sich der patriarchalischen Ordnung zu beugen. Doch sie wird dafür von Gott bestraft, der sie aus dem Paradies vertreibt und sie je nach Textversion unfruchtbar macht oder Totgeburten erleiden lässt. Seitdem verkörpert sie die Gefahr, das absolut Böse und das Chaos – eine Vorstellung, die sich immer mehr festigte und Lilith schließlich zur Gefährtin des Teufels, also einer Hexe werden ließ. Ein Jahrhundert lang war Lilith von der Bildfläche verschwunden, bis sie in den 1970er-Jahren wieder auftauchte und als befreite und autonome Frau zu einer Galionsfigur des Feminismus wurde.

DIE UNBEZÄHMBARE GÖTTIN Wenden wir uns an Lilith, damit wir den Mut gewinnen, uns zu widersetzen und zu befreien. Sie kennt die Macht des Neinsagens und schenkt uns die Möglichkeit, es laut und deutlich auszusprechen. Spüren wir, wie die Kraft dieser Fackelträgerin der Freiheit uns dazu bringt, Fesseln aufzusprengen und Schranken umzuwerfen. Als Symbol der Emanzipation und nicht gebärenden schöpferischen Kraft steht Lilith für die innere weibliche Macht und eine ungehemmte Sinnlichkeit, Leidenschaft und Sexualität. Im Bund mit ihr eröffnen wir den Zirkel der wilden Frauen.

DEZEMBER

SPIRITUELLE ERHEBUNG

Dezember ○ Vollmond

Heilung

Der letzte Vollmond des Kalenderjahres ist immer ein Moment des symbolischen Abschließens. Inmitten der dunklen Nächte erhellt er unseren Himmel – in der Spiegelung verstärkt sich damit auch unser inneres Leuchten. Jetzt ist die Zeit, uns um andere, aber auch um uns selbst zu kümmern: Wir geben und empfangen. Dies geschieht über das Herz, mit der heilenden Gabe der Liebe. Dieser Mond fordert uns auf, die für uns passende Medizin zu entwickeln. Wir sollen uns kennenlernen und wiedererkennen. Wenn wir unseren inneren roten Faden verlieren und uns immer weiter von unserem wahren Wesen entfernen, wenn in uns ein Graben entsteht – dann kann sich in diesen leeren Raum eine körperliche oder auch seelische Krankheit einschleichen. Horchen wir also auf unseren physischen und energetischen Körper. Wir wachen über unsere Gesundheit und handeln so, wie es gut und richtig für uns ist. Der Weg der Heilung ist komplex. Wir müssen lernen, für das, was uns widerfährt, Dankbarkeit zu empfinden – auch für schwierige Momente. Unsere Ängste, unsere Hemmungen und Grenzen wollen überwunden werden. All das sind Herausforderungen, an denen wir wachsen und unsere innere Kraft ausbauen können.

DAS ANAHATA-CHAKRA ist das Herzchakra auf der Mitte der Brust. Meditieren wir mit dem Mantra des Dezember-Vollmonds und konzentrieren wir uns auf dieses vierte Chakra, damit sich sein grünes Leuchten verstärken und ausbreiten kann.
DAS MANTRA »Ich öffne mein Herz für die Liebe und die Vergebung, ich gebe und empfange.«
DIE INTENTION Ich schaffe mir meine eigene Medizin, ich mache mich auf den Weg der Heilung, indem ich Lehren aus meinen Erfahrungen ziehe.

RITUAL DER HEILUNG

Wir benötigen einen Holunderzweig oder getrocknete Holunderblüten – die Pflanze schützt wirkungsvoll vor Krankheiten und schwachen oder negativen Energien. Dazu eine grüne Kerze – grün ist die Farbe der Pflanzenmagie. Außerdem Utensilien zum Feuermachen, ein Blatt Papier und einen Stift.
Öffnen wir den Kreis.

Entzünden wir die Kerze oder, falls möglich, ein Herdfeuer.
Schreiben wir in positiver, affirmativer Form auf, wovon wir Heilung erbitten. Das kann Verschiedenes sein: ein körperliches Leiden, eine Erinnerung, eine Beziehung …
Wenn wir geendet haben, bitten wir die Heilkraft des Feuers um Unterstützung.
Verbrennen wir das Papier zusammen mit dem Holunder in einer Schale oder direkt in der Feuerstelle. Warten wir, bis alles zu Asche geworden ist.
Danken wir den Heilkräften der Kräuter und des Feuers.
Schließen wir den Kreis.

Dezember ● Neumond

Glaube

Wie wir diesen letzten Neumond aufnehmen, beeinflusst die Färbung des bald anbrechenden Jahres. Denn die Energien werden gespiegelt: Positive Energien lassen uns das Jahr mit Leichtigkeit beginnen, trübe und düstere Energien bringen einen chaotischen Jahresanfang. Wagen wir zu glauben, richten wir unsere Aufmerksamkeit auf den Pfad der Selbstoptimierung, den uns der Bund mit dem Mond eröffnet. Der Neumond prüft unsere Überzeugungen, er befragt uns und unser Selbstvertrauen. Er will wissen, wie wir unseren spirituellen Weg verfolgen. Er lädt uns ein, Brücken zwischen unserem Inneren und dem Himmel zu bauen – denn alles ist verbunden. Wenn wir von den Erdkräften und kosmischen Energien abgeschnitten sind, können wir unser Potenzial nicht ausschöpfen. Wenn wir aber die spirituellen Welten mit den Welten verbinden, die wir in uns tragen, begeben wir uns auf den Pfad der Selbstverwirklichung. Kanalisieren wir also die Energien, die über unser siebtes Chakra einfließen, über die Zirbeldrüse absteigen und uns mit reinigendem Licht fluten. Nehmen wir auch das Unbekannte an, das auf uns einströmt, und nutzen wir es, um die unguten Schwingungen abzufedern, die negative Emotionen wie Angst und Wut oder vorgefasstes Urteilen mit sich bringen. Befreit von diesen Energien können wir der Entfaltung unseres Verlangens genügend Platz einräumen. Verwandeln wir unsere Überzeugungen in Vorhaben, überschauen wir die Möglichkeiten und fassen wir ihre Verwirklichung ins Auge. Die so gefestigten Intentionen werden uns in den kommenden Monaten bei der Konkretisierung unserer Wünsche helfen.

DAS SAHASRARA-CHAKRA ist das Kronenchakra am Kopfscheitel. Meditieren wir mit dem Mantra des Dezember-Neumonds und konzentrieren wir uns auf dieses siebte Chakra, damit sich sein violettes Leuchten verstärken und ausbreiten kann.
DAS MANTRA »Mein physischer und mein energetischer Körper treten in Gleichklang mit den Schwingungen des Universums.«
DIE INTENTION Ich verkörpere meinen Glauben und meine Überzeugungen. Ich gebe ihnen die Möglichkeit, ihren Platz in meinem Leben zu finden.

DAS AMULETT-RITUAL

Versammeln wir Gegenstände aus der Natur: Steine, Kristalle, Holz, Federn, getrocknete Pflanzen, Blumen, Muscheln, Samen ... Außerdem benötigen wir an der Luft trocknenden Ton. Aus diesen Dingen stellen wir ein Amulett für das kommende Jahr her.
Öffnen wir den Kreis.
Wir meditieren und bitten Hekate, die Göttin der Nächte, uns bei dieser Tätigkeit zu leiten, indem sie uns mit der spirituellen Welt verbindet.
Fertigen wir nun unser Amulett aus dem Ton und den gesammelten Objekten. Lassen wir uns von unserem schöpferischen Instinkt lenken.
Fassen wir beim Modellieren unsere Intentionen. Das Amulett wird sie aufnehmen und uns in den kommenden zwölf Monaten begleiten.
Schließen wir den Kreis.
Wenn das Amulett getrocknet ist, bewahren wir es auf unserem Altar auf.

Dezember ○ Hexenmond

Eiche ☆ Nacht

DER LEUCHTENDE TOD

Dieser Hexenmond erhellt die Düsternis, in dieser dunklen Zeit bringt er Licht und Wärme. Der Winter beginnt, Pflanzen- und Tierwelt treten in den Winterschlaf. Die Finsternis ist beherrschend. Aber dieser Abschnitt des Todes ist zugleich eine Phase der Einkehr. Die Eiche symbolisiert Widerstandskraft und offenbart den Mut, der Jahreszeit zu trotzen: Sie verkörpert Stärke und Heilung, sie steht für die Weltenachse *(axis mundi)*, die uns erhebt und beschützt. Inmitten der Nacht verankert sie uns, damit wir uns dem Unbekannten entgegenstellen können. Begeben wir uns unter ihren Schutz, nutzen wir ihre heilende Kraft. Widmen wir uns dem Miteinander, der Freundschaft und Liebe und dem Zuhause – sie sind in dieser dunklen Phase unser Ort der Regeneration. Schlüsselelement dieser Mondumlaufzeit ist das Feuer als Träger von Hoffnung und Gemeinschaft.

Dieser Hexenmond lädt uns zur Meditation ein. Er möchte, dass wir eine Bewusstseinsstufe aufsteigen. Die gesammelten Energien werden das kommende Jahr prägen, sie versprechen Heilung, Gemeinschaft und Besinnung.

Lassen wir uns vom Leuchten dieses Mondes lenken: Seine silbernen Strahlen erhellen das Dunkel. Wir sind klein und haben Angst vor dem finsteren Nichts. Doch wie die Große Göttin tragen wir nun den strahlenden Halbmond auf der Stirn, der unsere Nächte erleuchtet. Furchtlos lassen wir die Flammen brennen, denn das Feuer ist unerschöpflich. Durch die Tiefe unserer Atmung, durch unsere Verankerung in der Erde und unser Streben nach Höherem verkörpern wir Licht und Kraft. Wir werden zu einem Stern in der Konstellation der wilden Frauen.

Dezember ○ Heidnisches Fest

Jul

WINTERSONNENWENDE: 21. DEZEMBER

Zur Wintersonnenwende, in der längsten Nacht des Jahres, wird das Julfest gefeiert. Die Dunkelheit hat die Oberhand gewonnen – aber nur für eine Nacht, denn ab dem Morgen werden die Tage wieder länger. Das Julfest ist eng mit dem weiblichen Prinzip und der Mutter verbunden, denn in der heidnischen Tradition ist dies der Moment, da die Göttin den Gott gebiert, der bis zur Sommersonnenwende heranwachsen wird. Es ist aber auch die Zeit der alten Frau, verkörpert durch Cailleach, die Winterhexe. Wir nehmen den Tod an, feiern aber zugleich das Aufgehen der Sonne inmitten der Finsternis.

Der Eingang zum Winter bringt uns dazu, unseren Rhythmus zu verändern und uns zu verlangsamen. Nun wendet sich der Blick nach innen, wir ziehen uns in unsere Höhle zurück und lassen Körper und Geist ausruhen. Wir sind eingeladen, unser Licht anwachsen zu lassen, indem wir uns unserem heiligen Raum widmen: innerlich, indem wir meditieren; äußerlich, indem wir uns um unseren Altar kümmern. Nach der Reinigung des Zuhauses wird traditionell der Julklotz – ein Eichenstamm – verbrannt, der im Laufes des Jahres geschlagen und mit Symbolen versehen worden ist. Ein Teil des Holzes wird aufbewahrt, um damit den Eichenklotz des Folgejahres anzuzünden. Die ganze Nacht hindurch brennen Kerzen, mit denen die Absicht verkündet wird, sich ins Licht zu begeben.

DAS RITUAL DER SEELENGESÄNGE

Wir stellen Kerzen auf und wählen ein Lied oder ein Instrument aus. Das Ritual kann zu mehreren begangen werden.

Verteilen wir so viele Kerzen im Raum, wie Menschen anwesend sind oder herbeigewünscht werden.

Entzünden wir die Kerzen von rechts nach links.

Nehmen wir uns Zeit, jede einzelne Flamme zu betrachten und dabei an den Menschen zu denken, für den sie steht.

Fassen wir Intentionen, damit das Licht den Weg dieser Menschen begleiten möge.

Singen oder spielen wir, bieten wir der Nacht unsere Musik dar, auf dass die Seelen zum Licht geführt werden. Schließen wir den Kreis.

Dezember ○ Beseelte Pflanze

Schwarzer Holunder

NAMEN Schwarzer Holunder (*Sambucus nigra*) ist auch als Schwarzer Flieder, Holderbusch oder Eiderbaum bekannt.

ER WÄCHST am Wegesrand, in Gärten und in Hecken, und das überall in Europa, aber auch in Asien und Nordafrika. Holunder blüht im Juni und Juli, die Beeren zeigen sich mit Herbstbeginn.

SEINE EIGENSCHAFTEN Holunder ist ein Allheilmittel, das ähnlich wie die Brennnessel gegen zahlreiche Beschwerden wirkt. Es wird eingesetzt, um Schnupfen, Fieber und Husten zu vertreiben, hat aber auch entwässernde und harntreibende Eigenschaften und unterstützt das Abnehmen. Schwangeren und Stillenden wird von seinem Gebrauch abgeraten.

SEINE SYMBOLIK Viele Kulturen verehren den Holunder. Es heißt, in ihm wohne ein weiblicher Geist – eine Nymphe oder aber die über die Lebenszyklen wachende Göttin. Wenn man Holunderbeeren sammelt, darf man deshalb nicht vergessen, ihr eine Opfergabe zu hinterlassen.

Holunder ist in vielen Schutzritualen präsent. Meist ging es dabei um die Abwehr von Krankheiten, aber auch den bösen Blick und negative Intentionen wollte man mit Holunder fernhalten. Aus seinen Ästen schnitzte man Wanderstöcke, auf dass sich keine Schlangen näherten; oder aber man trug einen kleinen Zweig als Glücksbringer bei sich. Wiegen aus Holunderholz sollten kleinen Kindern Schutz gewähren, und Frischvermählte bewarf man mit Holunderbeeren, damit ihnen Glück beschert wäre. Verräuchert diente er dazu, Orte zu reinigen und böse Energien zurückzudrängen. In Assoziation mit dem Tod wird der Holunder auch »Judasbaum« genannt, denn aus seinem Holz bestand angeblich das Kreuz Jesu, und es soll ein Holunderbaum gewesen sein, an dem sich Judas aufhängte. Zur herbstlichen Tagundnachtgleiche wurde zum Übergang und Abstieg in die dunkle Jahreszeit zum Julfest ein Holunderzweig verbrannt. In der Magie dient Holunder zur Herstellung von Orakelstäben oder Flöten. Ein nahe am Haus gepflanzter Holunderbaum sollte Hexen fernhalten.

Dezember ○ Weiblicher Archetypus

Hekate

DIE INTUITIVE HEXE

Die griechische Göttin steht für die abnehmende Phase der Mondenergie. Ihre Alter Egos Artemis, die zunehmende Energie, und Selene, die Reife, stehen ihr in diesem Pantheon zur Seite. Zu dritt bilden sie den Kreislauf des Lebens. Hekate trägt die Weisheit und Reife der alten Frau in sich und ist zugleich eng mit dem Wandel und den Phasen des Übergangs verknüpft. Sie strahlt Fruchtbarkeit aus und war daher einst eine Naturgottheit, bevor sie sich zur dunklen Göttin wandelte. In Griechenland rief man ihre Macht in Ritualen an, zu denen man am Feldrand Feuer entzündete. Hekate wurde mit phallischen Attributen wie Fackel, Schlange, Dolch oder Schlüssel dargestellt. Man gab ihr einen Hund als treuen Begleiter zur Seite. Er weist den Weg durch die Dunkelheit, so wie der Stern der Isis: Sirius, der »Große Hund«.

Hekate schenkt den Menschen Wissen, Weisheit und materielle Reichtümer und bleibt so untrennbar mit der Gestalt der Hexe verbunden. Als Ursprung vieler esoterischer Kulte verkörpert sie die innerliche Reise – sie ist die Wegweiserin, die unsere Intuition erweitert und uns auf den

Pfaden der Wahrsagung voranbringt. Es gab daher auch ein magisches Werkzeug, den »Hekatekreis«, der in Drehung gebracht zur Kanalisation von Botschaften diente. Hekate ist ein Archetypus der Dunkelheit, dennoch erhellt die Fackel dieser Magierin den Pfad der Menschen. Sie steht in engem Zusammenhang mit Wegkreuzungen – an denen dann auch Hekate-Statuen aufgestellt wurden –, denn nur sie verfügt über das Wissen der drei Wege: Sie kennt den Weg des Himmels, den Weg der Erde und den Weg der Hölle.

DIE GÖTTIN DER INITIATION Bitten wir Hekate, uns bei unseren inneren Reisen zu leiten, denn sie hütet die Kenntnis der Welt der Träume und Albträume. Als Hexerinnen erkennen wir uns in ihr wieder: Wir wissen, wie wir in unser geschütztes Gebiet gelangen können, um uns dort wie eine Wölfin die Wunden zu lecken. Hekate kennt die Kanäle, welche die geheime Welt mit der körperlichen Welt verbinden. Sie begleitet uns bis zu dem Ort, an dem wir neue Kraft schöpfen können. Erweisen wir ihr Dankbarkeit, denn sie öffnet uns dem Wissen der Wahrsagung. Hören wir auf ihre Stimme, sie spricht aus der uns umgebenden Natur. Stärken wir dank ihr unser animalisches Wesen.

JANUAR

DER SCHLAF DER ERDE

Januar ○ Vollmond

Anrufung

Inmitten der kalten Winternächte tritt der Januar-Vollmond mit seinem großen, bleichen Gesicht hervor, um uns in den Schlaf zu wiegen. Wir haben uns in die Trägheit unserer vereisten und verschneiten inneren Reiche zurückgezogen und leben diese Raumzeit wie eine Vorbereitung, wie eine unerlässliche Ruhepause. Nach dem Beispiel der Erde laden sich unsere Energien auf, wir gewinnen an Widerstand und Kraft. Die enge Verbundenheit mit der Erde wirft die Frage auf, wie wir mit ihr umgehen – und darin steckt die gespiegelte Frage, wie wir mit uns selbst umgehen. Es ist gut, wenn wir uns für das beginnende Jahr einen geheiligten Raum schaffen, einen Rückzugsort, der unsere Kraft beherbergt. Hinter der offenbaren Passivität dieser Jahreszeit versteckt sich eine tiefgründige Arbeit: Wir bauen uns ein Fundament, das in unserem Erdenleib Wurzeln schlagen wird. Alles geschieht über unseren Körper. Pflegen und nähren wir ihn, bringen wir ihm Geduld, Ausdauer und Widerstandskraft bei. In dieser Phase der großen Anrufung bitten wir unsere Verbündeten und Wegweiserinnen – den Mond, die Erde oder das Universum –, uns den Pfad der kommenden zwölf Monate zu zeigen und unsere innere Kraft zu stärken.

DAS SAHASRARA-CHAKRA ist das Kronenchakra am Scheitelpunkt des Kopfes. Meditieren wir mit dem Mantra des Januar-Vollmonds und konzentrieren wir uns auf dieses siebte Chakra, damit sich sein violettes Leuchten verstärken und ausbreiten kann.
DAS MANTRA »Ich bin eins. Ich bin alles.«
DIE INTENTION Ich rufe meine Wegweiserinnen ins Licht an, um den Schatten zu durchqueren und mich mit positiver Energie aufzuladen.

DAS KARTENRITUAL DER ZWÖLF MONATE

Wir benötigen ein Tarot de Marseille, unser Mondtagebuch und einen Stift.

Das Ritual wird an den ersten zwölf Januartagen oder in den zwölf Tagen ab der ersten Vollmondnacht vollzogen, die symbolisch das ganze Jahr beinhalten.

Öffnen wir den Kreis und rufen wir Selene, die Muttergöttin des Mondes, an, damit sie uns Hellsicht schenkt und uns bei unserer Suche nach Botschaften und Visionen begleitet.

Nun ziehen wir jeden Tag – nachdem wir uns gut verankert und zentriert haben – eine Karte aus dem Deck. Jede dieser Karten steht für einen Monat des Jahres, also die erste für den Januar, die zweite für den Februar, und so fort bis zur zwölften für den Dezember.
Jeden Tag, bevor wir den Kreis schließen, schreiben wir auf, welche Karte gezogen wurde und welche Informationen wir über ihre Deutung erhalten haben. Machen wir uns so ein Bild unserer persönlichen Energien des Jahres.

Januar ● Neumond

Verwirklichung

Unter diesem Neumond im Herzen des Winters spüren wir einen schöpferischen Drang, der für wiedergewonnene Freude und ein gewisses körperliches Wohlbefinden sorgt. Wir fühlen uns befreit von allem, was uns im kommenden Jahr im Weg stehen könnte. In dieser Nacht stehen wir auf der Schwelle zum wahren neuen Jahr, das wir voll Zuversicht begrüßen. Wissen wir diesen Neubeginn zu nutzen, widmen wir uns ganz unserem Werden – sowohl in den zu treffenden Entscheidungen als auch in dem Willen, unsere Wünsche zu verwirklichen. Dies ist der ideale Abend, unbewusst aufgekommenen oder noch vagen Vorhaben eine materielle Dimension zu verleihen. Ideen werden zu Projektionen, zu konkreten Vorstellungen, diese zu Projekten auf Papier und die Projekte zu konkreten Möglichkeiten der kommenden Monate. Aus dem im Mondlicht erkannten Wünschen erwächst die Tat des Frühjahrs. Das von diesem Neumond geforderte Engagement äußert sich darin, dass wir verstärkt auf unsere Empfindungen hören. Öffnen wir uns allen Dimensionen und werfen wir einen neuen Blick auf das Leben. Achten wir auf die uns überbrachten Zeichen, die uns vor allem aus der Welt der Träume erreichen. Sie haben Einfluss auf unsere persönlichen Ziele und Bestrebungen. Wir können uns nun besser auf unseren Instinkt verlassen – nutzen wir ihn also.

DAS SVADHISTHANA-CHAKRA befindet sich drei Fingerbreit unter dem Bauchnabel, auf Höhe des Kreuzbeins, kurz oberhalb der Geschlechtsorgane. Meditieren wir mit dem Mantra des Januar-Vollmonds und konzentrieren wir uns auf dieses zweite Chakra, damit sich sein orangefarbenes Leuchten verstärken und ausbreiten kann.

DAS MANTRA »Ich verbinde mich mit meinem Verlangen und meinen Wünschen. Ich stehe für sie ein.«
DIE INTENTION Ich setze mich ein und nehme mein Leben in die Hand. Ich öffne meine Wahrnehmung für innere und äußere Botschaften.

DAS RITUAL: EIN TRAUMKISSEN
Wir benötigen getrockneten Thymian – er stärkt die Wahrsagung und unterstützt die Hellsicht –, dazu ein rechteckiges Baumwollsäckchen und Nadel und Faden.
Öffnen wir den Kreis.
Wir füllen das Säckchen mit Thymianzweigen und bitten dabei die Heilkraft der Kräuter, uns durch den Traum zu geleiten.
Dann nähen wir das Säckchen zu und schließen den Kreis.
Das Kräuterkissen legen wir nachts unter unser Kopfkissen. Am Morgen notieren wir in unserem Mondtagebuch, welche Botschaften wir empfangen haben.

Januar ○ Hexenmond

Wolf ☆ Schnee

DER INSTINKT DER FREIHEIT

Dieser Mond mit seinen starken symbolischen Evokationen weckt den in uns schlummernden Wolf. Der »Schneemond« oder »Eismond« des ersten Kalendermonats enthüllt uns den energetischen Pfad für das kommende Jahr. Nahe Epiphanias, dem Dreikönigstag, gelegen, an dem sich Christen an das Kommen der Drei Weisen erinnern, ist dies eine besondere Nacht – nämlich die zwölfte nach dem 25. Dezember und die Nacht, in der die winterliche Herrschaft von König Ilex endet. Es ist eine Zeit der Riten, mit denen man die Verkörperung des Göttlichen in den Dingen feiert.

In der heidnischen Kultur heißt dieser Januarmond auch »Wolfsmond«, denn in der kalten Jahreszeit wird das nicht Winterschlaf haltende Tier zum Gott des Waldes. Für die Menschen stellt der Wolf eine Bedrohung dar: Wenn die Nahrung knapp wird, räubert er auch in ihrer Nähe. Durch seine Verehrung aber schützt man sich vor der Gefahr. In dieser Hinsicht schenkt dieser Mond Kraft und innere Sicherheit, er wird zu einem Schutzsymbol und Lichtbringer in der Dunkelheit. Der Wolf bleibt unbestrittener Herrscher der Nacht. Als loyaler Beschützer ist er in der schamanischen Kultur ein Symbol für die Verbindung zwischen Tod und Wiedergeburt. Er steht für die eigene Unabhängigkeit innerhalb einer Gruppe, er erinnert uns an unsere wilde Natur und ermutigt uns, unseren Weg zu finden – nur dann können wir inmitten unseres »Rudels« erstrahlen.

Im Schutz dieses Januarmonds folgen wir der Fährte des Wolfes. Verkörpern auch wir unsere tiefe und wahre Natur. Wenn der Körper ruht, ist der Geist bereit, sich einer intimen Befragung zu öffnen. Was möchten wir im alltäglichen Leben verkörpern? Welche Werte möchten wir vertreten? Wie können wir unsere Unabhängigkeit geltend machen?

Januar ○ Beseelte Pflanze

Thymian

NAMEN Thymian (*Thymus vulgaris*) wird auch Echter Thymian, Immenkraut, Römischer Quendel oder Kuttelkraut genannt.

ER WÄCHST auf trockenen Böden – dort, wo andere Pflanzen eingehen, findet der Thymian, was er braucht. Er verträgt Trockenheit, aber keine Hitze. Man trifft ihn rund um das Mittelmeerbecken, in Mitteleuropa, Indien und Nordamerika an. Thymian blüht von April bis Juni, und es ist ratsam, ihn auch dann zu ernten, da er zur Mitte der Saison voller aktiver Wirkstoffe steckt. Die geernteten Stängel werden getrocknet, denn medizinische Anwendung findet der Thymian vor allem während der kalten Jahreszeit.

SEINE EIGENSCHAFTEN Der eher als Gewürzpflanze bekannte Thymian hat viele Tugenden. Sein erstes Wirkungsfeld sind die Atemwege, denn er tut den Bronchien gut und bekämpft Schnupfen, Grippe und Erkältungen. Auch auf die Verdauung wirkt er wohltuend, außerdem fördert Thymian die Konzentration und lindert Müdigkeit. Seine entzündungshemmende und antiseptische Wirkung ist seit der Antike bekannt. Griechen und Römer verräucherten Thymian, um ihre Häuser zu reinigen. Das griechische Wort *thymos*, von dem sich das lateinische *thymus* ableitet, bedeutet »Rauch« oder »Geist«. Verräucherter Thymian galt immer auch als Opfergabe. In Ägypten gehörte er unter dem Namen *tham* zu den Kräutern, die zur Einbalsamierung der Toten dienten. In seiner Rolle als Antiseptikum wurde Thymian über lange Zeit in Krankenhäusern eingesetzt.

SEINE SYMBOLIK Thymian wird benutzt, um Altäre zu weihen. Dank seiner reinigenden Eigenschaften wehrt er negative Energien ab. Wie der Mond wird Thymian mit dem Element Wasser, aber auch mit der Luft assoziiert. Er stärkt die Hellsicht und die subtile spirituelle Anbindung, indem er auf das Dritte Auge, das Zentrum unserer Intuition, einwirkt. Thymian galt als Pflanze des Muts, daher stickte man Thymianzweige auf die Kleidung. Angesichts seiner Wurzelkraft schrieb man ihm die Fähigkeit zu, den Teufel fernzuhalten.

Januar ○ Weiblicher Archetypus

Selene

VERKÖRPERUNG DER TIEFEN WEIBLICHKEIT

In der Triade mit Artemis und Hekate repräsentiert Selene die Phase des Vollmonds. Eindrucksvoll, strahlend, im langen weißen Gewand, mit Halbmond im Haar, mit seidener Haut und leuchtendem Teint verkörpert sie absolute Schönheit und Kraft. Selene ist das Inbild der allmächtigen Frau: Sie ist zugleich Urmutter und sinnliche Geliebte und steht wie alle Mondgöttinnen für die Fruchtbarkeit. Vor allem aber finden wir in Selene die deutlichste Entsprechung für die weibliche Entfaltung. Ihre überbordende Yin-Energie schreibt sich in eine Bewegung ein, welche die Frau dazu bringt, nach außen zu strahlen. Selene verkörpert Liebe und Treue gegenüber anderen und den eigenen Prinzipien – sie strahlt also Stabilität aus. Sie ist eine von Sanftheit geprägte Göttin, die Frauen Vertrauen in sich und ihre Intuition einflößt. Über die Träume überbringt sie Botschaften und Visionen. Selene symbolisiert Ausdauer, Ausgeglichenheit und nicht nachlassende, brennende Leidenschaft – sei es für eine andere Person oder für ein Projekt.

DIE VISIONÄRE GÖTTIN Aus dem Zirkel der wilden Frauen ist es Selene, die uns den Glauben an unsere Weiblichkeit schenkt. Sie ermöglicht uns, weiter zu blicken, sie lässt uns über unseren Körper hinaus strahlen. Dank ihr spüren wir, wie die von uns verkörperte Frau nun auch anderen den Weg weisen kann. Empfangen wir das erhebende Geschenk der heiligen Weiblichkeit, es ist die segensreiche und versöhnliche Vereinigung unseres weiblichen und männlichen Parts. Teilen wir dieses wertvolle Wissen mit unseren Schwestern. So können wir uns gegenseitig unterstützen, wachrufen und trösten und uns voller Wohlwollen betrachten.

FEBRUAR

LEBENSDRANG

Februar ○ Vollmond

Segen

Das energetische Jahr beschließen wir mit diesem ganz besonderen Vollmond. Den Weg der zwölf Monde haben wir beschritten und erhalten nun den Segen des Februar-Vollmonds. Unter seinen Strahlen empfangen wir Energiewellen, die uns ermuntern, unsere Kräfte zu entfalten. Es ist ein Geschenk, sich diesem Zauber zu öffnen. Mit dem Licht, das wir in uns gehütet haben, sollten wir sorgsam umgehen. Geben wir es frei, damit es unser Leben umhüllen kann. Wir sind fest verwurzelt, wir haben unser Zuhause und unseren Körper gereinigt und öffnen nun den Raum, um diese Befreiung zu leben. Werfen wir unsere Ängste ab und stoßen wir Widerstände beiseite, die unser Vorankommen stören. Angst lähmt Körper und Geist, lassen wir also die Mondkräfte fließen, um agil und geschmeidig zu werden. Wenn wir unser Chakra des Dritten Auges mit Lebensenergie füllen, werden wir unsere Hemmnisse überwinden. Öffnen wir uns in Freude und Dankbarkeit, auf dass wir diesen Strom magischer Fülle empfangen. Wir sind nun bereit, unser Potenzial auszuschöpfen. Geben wir uns Zeit, uns anzupassen, gönnen wir uns eine Verdauungs- und Erholungspause, damit sich die neue Kraft in uns ausbreiten kann. Unter diesem Mond gewinnen wir unsere Hexenseele und unseren Körper der wilden Frau zurück. Nutzen wir sie gut.

DAS AJNA-CHAKRA ist das Dritte Auge und Zentrum der Intuition. Es befindet sich auf der Mitte der Stirn, zwischen den Brauen. Meditieren wir mit dem Mantra des Februar-Vollmonds und konzentrieren wir uns auf dieses sechste Chakra, damit sich sein indigoblaues Leuchten verstärken und ausbreiten kann.

DAS MANTRA »Ich trage das Licht des Lebens in mir. Ich bin erfüllt.«

DIE INTENTION Ich koste vom Segen dieses magischen Monds. Damit gewinne ich meine persönliche Macht zurück.

DAS RITUAL DER HEXENLEITER

Wir legen drei Fäden, Steine mit Löchern und Federn bereit.

Öffnen wir den Kreis. Brigid, die Göttin des Lichts, die mit dem Flechten in Verbindung steht, wird uns das gesamte Ritual hindurch begleiten.

Zentrieren wir uns, atmen wir. Wir visualisieren die Verbindung zwischen unserem Dritten Auge und dem Mond. Lassen wir die Energien herabströmen.

Während wir den Segen des Mondes empfangen, widmen wir uns einer Flechtarbeit und fertigen eine Hexenleiter, die uns ein schützender Talisman und das Symbol unserer magischen Kraft sein wird. Flechten wir die drei Fäden zusammen und fügen wir Steine und Federn ein.
Nach jedem aufgefädelten Stein und jeder angeknoteten Feder machen wir einen Knoten. Mit dem vierzigsten Knoten – wobei die Zahl 40 für einen symbolischen Tod und die spirituelle Wiedergeburt steht – ist unsere Hexenleiter fertig. Sie verkörpert unsere Kraft bis zum nächsten Februar-Vollmond im kommenden Jahr.
Schließen wir den Kreis.

Februar ● Neumond

Klärung

Der Neumond dieses Monats bringt mehr Schärfe in unser Leben. So dunkel diese Nacht auch sein mag – sie ist doch ein offener Raum, in dem wir Klärung erhalten. Beim Ergründen unserer Intentionen sollten wir das Denken hinter uns lassen und das Universum bitten, uns nur diese eine Frage zu erhellen: Was ist gut für uns, und was ist das Beste für die Welt? Richten wir unsere Aufmerksamkeit auf unser Kronenchakra. Spüren wir, wie die Botschaften über eben diesen Punkt kanalisiert werden. Unsere Schwingungen dürfen sich frei ausbreiten. Fühlen wir uns berechtigt, unsere Überzeugungen anzupassen und uns nach diesem Neumond zur richten. Wir sind nun ganz da für das Kommende. Vermeiden wir mentale Projektionen. So lassen wir Platz für die wahren Botschaften des Lichts, die uns gewährt werden. Zeigen wir uns dankbar, denn Dankbarkeit ist der Schlüssel zur Öffnung der Seele. Stehen wir zu allem, was gewesen ist, zu den schönen und den schwierigen Momenten, und danken wir für ihre Wohltat und Lehre. Schaffen wir auf diese Weise Platz in unserem Innern, damit wir neu aufleben können.

DAS SAHASRARA-CHAKRA ist das Kronenchakra am Kopfscheitel. Meditieren wir mit dem Mantra des Februar-Vollmonds und konzentrieren wir uns auf dieses siebte Chakra, damit sich sein violettes Leuchten verstärken und ausbreiten kann.
DAS MANTRA »Ich bade im klaren Licht des Unendlichen.«
DIE INTENTION Ich öffne mich der Dankbarkeit, um meinem Leben Klarheit und angemessene Fülle zu schenken.

DAS RITUAL: STEINLESEN

Bereiten wir uns darauf vor, über dieses indianische Wahrsageritual Botschaften zu empfangen, die uns die Erdenmutter übermittelt.

Machen wir uns auf die Suche nach einem großen Stein mit unregelmäßigen Konturen. Bitten wir ihn um Erlaubnis, bevor wir ihn aus seiner natürlichen Umgebung entfernen. Legen wir unser Mondtagebuch bereit.

Öffnen wir den Kreis.

Der Stein liegt vor uns auf dem Boden. Nach einer meditativen Sammlung richten wir eine Frage an ihn. Betrachten wir den Stein, lesen wir seine Oberfläche.

Schreiben wir auf, was wir erkennen können: ein Symbol, einen Buchstaben, einen Umriss, ein Tier, eine Pflanze, ein Gesicht, eine geometrische Figur, ein Wort …

Wir drehen den Stein und betrachten ihn nacheinander von allen vier Seiten. Jedes Mal notieren wir, was wir gesehen haben.

Am Ende lesen wir unsere Notizen durch und ziehen Verbindungen zu unserer Frage.

Danken wir dem Stein, danken wir der Erdenmutter und dem Mond.

Schließen wir den Kreis. Vergessen wir nicht, den Stein zurück in die Natur zu bringen.

Februar ○ Hexenmond

Sturm ☆ Tod

ZEIT DES HERANREIFENS

Dieser Sturmmond oder »Todesmond« markiert vor allem eine Zeit der Stille. Eine Phase der Einsamkeit und der Reinigung. Wir sind Spiegel der Natur, die wie eingeschlafen wirkt. Doch hinter der scheinbaren Lethargie bereitet sie in der Tiefe bereits ihre Neugeburt vor. Die in diesem Monat aufkommenden Stürme sind Energiespiralen, die wir zur Kraftgewinnung nutzen können. Der Mond des innerlichen Wandels verlangt, dass wir fest verwurzelt sind. Die Natur zeigt sich jetzt feindselig. Wenn wir die äußeren Unwetter im Innern intensiv erleben, werden die Kräfte der Kriegerin in uns geweckt. Jetzt ist die Zeit, da wir unseren Körper darauf vorbereiten, den Winter hinter sich zu lassen. Kümmern wir uns um uns – denn nur so gelangen wir dahin, uns um andere zu kümmern.

Wir haben die Aufgabe, auf unsere tiefen Bedürfnisse einzugehen, und können uns dann in der Zukunft großzügig der Welt widmen.

Im Schein dieses Hexenmonds nehmen wir Platz und spüren, wie die uns umgebende Natur ihre Kraft enthüllt, wie der wütende Wind seine Macht zeigt. Nehmen wir diese Energie gelassen in uns auf, damit sie uns stärkt. Wir allein sind die Garantinnen unseres Wohlbefindens. Fragen wir uns, wie wir uns unserer inneren Ökologie am besten widmen. Bevor wir beim kommenden Hexenmond neu geboren werden, sollten wir alle nötigen Vorkehrungen getroffen haben, um in Kürze einen neuen Zyklus zu beginnen.

Februar ○ Heidnisches Fest

Imbolc

1. / 2. FEBRUAR

Das Feuerfest Imbolc steht für das große Wiederaufleben des Lichts. Es ist keltischen Ursprungs und stand lange in Verbindung zur Göttin Brigid, die Fruchtbarkeit symbolisiert und die Rückkehr der Sonne verkündet. Wir schließen nun den Jahreskreis und bereiten uns darauf vor, unsere Höhle zu verlassen und ins Licht zu treten. Die Energien der Erde werden auf den Weg geschickt, erste Blumen treiben aus, und die Natur erwartet den aufsteigenden Saft. Wir holen die reellen und symbolischen Samen hervor, die wir die ganze dunkle Zeit hindurch gehütet haben. Jetzt ist die Zeit für eine Reinigung von Körpern und Orten.

Das Lichterfest findet man in verschiedenen Kulturen und Epochen. In der römischen Antike wurden in der ersten Februarwoche die Städte mit Fackeln erhellt. Das sich ausweitende Christentum verdrängte die heidnischen Riten durch die Geschichte von der Reinigung Marias oder Mirjams, die 40 Tage nach Christi Geburt stattfand. Zu Mariä Lichtmess zog man aber weiterhin mit einer Lichterprozession durch die Straßen.

Nun ist aber auch die Gelegenheit, bei karnevalesken, die Sonne begrüßenden Feierlichkeiten all das herauszulassen, was den Winter über eingeschlossen war. Nutzen wir also diesen Moment, um unser Zuhause, unsere Altäre und uns selbst energetisch zu reinigen. Stellen wir an diesen beiden Festtagen Kerzen ans Fenster.

DAS RITUAL: HERSTELLUNG VON *SMUDGE STICKS*

Wir benötigen Eschenholz, Rosmarinzweige (von 15 Zentimeter Länge), Lavendel, Duftendes Mariengras, Beifuß, Thymian, Eisenkraut … (Kräuter, die wir im Umkreis ernten konnten und getrocknet haben), eine Schnur aus Naturfaser, eine Schere.

Wir wollen Räucherbündel fertigen, die wir anschließend verbrennen können, um uns und unser Zuhause zu reinigen. Falls ein Kamin oder Ofen vorhanden ist, ist dies die richtige Gelegenheit, ein Eschenholzfeuer zu entzünden – Esche brennt nur langsam und liefert kräftige Wärme, sie schenkt uns Schutz.

Öffnen wir den Kreis.

Aus den Zweigen formen wir einen beliebig dicken Strauß, den wir unten zusammenbinden.

Nun wickeln wir die Schnur aufsteigend drum herum und binden ein festes Bündel. Oben angekommen wird die Schnur verknotet. Mit der Schere lassen sich überstehende Stängel kürzen.

Fertigen wir mehrere Smudge Sticks, die wir bei den kommenden Ritualen verwenden können. Hängen wir die Bündel zum Trocknen auf.

Schließen wir den Kreis.

Februar ○ Beseelte Pflanze

Eberesche

NAMEN Die Eberesche *(Sorbus aucuparia)* heißt auch Vogelbeere, Drosselbeere oder Quitsche.

SIE WÄCHST im gesamten indoeuropäischen Raum, von den nordischen Ländern bis nach Indien, vom Balkan bis nach Sibirien. Die Vogelbeere ist ein schattenliebender Baum und gedeiht vor allem am Rand von Fichtenwäldern des Mittelgebirges. Sie blüht im Mai und Juni und trägt im Herbst leuchtend rote Früchte. Diese dienen seit Langem der Zubereitung von feinen Schnäpsen und säuerlichen Marmeladen und Gelees.

IHRE EIGENSCHAFTEN Vogelbeeren lindern Venenleiden und regen den Blutkreislauf an, sie wirken harntreibend und blutstillend und bekämpfen Durchfall.

IHRE SYMBOLIK Die Eberesche steht in enger Verbindung mit Aberglauben und Magie. Sie gehört zum keltischen Baumkreis und galt als heilig. Man pflanzte sie in der Nähe der Häuser, um gute Geister anzulocken und Krankheiten und Blitze fernzuhalten. Neben Gräbern sollten die Vogelbeerbäume die Seelen der Verstorbenen beschirmen. Schutz gewährte sie auch Viehherden – die Tiere wurden oftmals mit Ebereschenzweigen gesegnet. Ihr elastisches Holz ist leicht zu bearbeiten und eignet sich für Schnitzereien. Auch Webschiffchen, Tischlerhobel und Bogen wurden daraus gefertigt, außerdem diente es zur Herstellung von Amuletten und Kreuzen.

In vielen Kulturen verbindet man mit dem Vogelbeerbaum dieselbe Macht, Lebenskraft und Weisheit wie mit dem Holunder. Ob als Hexenbaum oder Wanderstab – immer verströmt die Vogelbeere dieselbe schützende Energie und stärkt die Wahrsagekraft jener, die sie in ihren Praktiken verwenden. Nicht umsonst dienten Stäbe aus Ebereschenholz zur Orakelbefragung.

Februar ○ Weiblicher Archetypus

Brigid

DIE FLAMMENDE FRAU

Brigid – die keltische Gottheit, deren Kult sich vor allem in Irland verbreitet hat – kam mit einer Lichterkrone zur Welt. Sie verkörpert die Flamme des Lebens und ist dem heidnischen Fest Imbolc zugeordnet. Mit dem Aufkommen des Christentums wurde sie zu Brigitte, der Schutzpatronin Irlands. Als dreifache Göttin, mit der man das dreiblättrige Kleeblatt assoziiert, steht sie für die drei Alter der Frau. Doch sie ist auch Göttin des Handwerks und insbesondere des Schmiedens, der Kunst und der Dichtung. Als Heilerin wurde sie zur Schutzpatronin der Druiden. Einer der Riten bestand darin, in der Nacht vom 1. auf den 2. Februar ein Tuch in den Mondschein zu hängen, damit es sich mit Brigids heilenden Kräften tränkte. Es oblag der ältesten Frau des Haushalts, diesen Stoff hereinzuholen und den anderen zu zeigen. Das Ritual wurde jedes Jahr erneuert, um den Zauber des »Brigid-Mantels« zu stärken. Er wurde Frauen über das Bett gehängt, wenn sie in den Wehen lagen, und diente Heilungszeremonien. Auch glaubte man, dass Brigid als Hüterin der Fruchtbarkeit und naturnahe Göttin über die Gesundheit der Herdentiere wachte.

Den Mythen nach wuchsen Blumen, wohin sie den Fuß setzte. Brigid war Garantin für die Wiedergeburt und das Erwachen der Natur, sie soll die Bienen aufgerufen haben, den Menschen Honig zu bringen. Diese Dynamik der Erneuerung findet sich auch in der reinigenden Kraft des Feuers. Als Symbol des Lichts und der Wiederkehr des Lebendigen nach der dunklen Winterzeit steht das Feuer im Mittelpunkt des Brigid-Kults. Bei Fruchtbarkeitsritualen hielten jungfräuliche Priesterinnen die heilige Flamme am Brennen. Aber auch das Weben und Flechten wurde mit der Göttin in Zusammenhang gebracht: Aus Schilf oder Stroh flocht man vierarmige Kreuze, die das Zuhause vor Naturkatastrophen bewahren sollten. Wie bei anderen Mondgöttinnen spielt auch bei Brigid heilendes Wasser eine große Rolle: Die der Göttin geweihten Brunnen wurden zu Pilgerorten.

DIE GÖTTIN DES ERWACHENS Legen wir die Hände auf den Bauch und verbinden wir uns mit Brigid, der Feuerfrau. Bitten wir sie, die Flamme unserer Weiblichkeit zu nähren. Als Verkörperung der Wiedergeburt und Reinigung ermutigt sie uns, den Schatten anzunehmen, denn ohne ihn kann das Licht nicht hervortreten. Wir sind diese Energien – Feuer und Wasser, Hitze und Kälte, Licht und Dunkel. Brigid lehrt uns, sie zu achten und die Zweiheit zu leben.

LITERATUR

Julie Loar, *Goddesses for Every Day. Exploring the Wisdom and Power of the Divine Feminine around the World*, New World Library 2010.

Jean Markale, *Die keltische Frau. Mythos, Geschichte, soziale Stellung*, Dianus-Trikont 1984.

Melanie Marquis, *Lughnasadh. Rituals, Recipes, and Lore for Lammas*, Llewellyn 2015.

Ann Moura, *Naturmagie. Die grüne Hexenkunst*, Silberschnur 2005.

Vicki Noble, *Shakti. Die heilende Energie der Frau*, Walter 1994.

Susan Pesznecker, *Yule. Rituals, Recipes, and Lore for the Winter Solstice*, Llewellyn 2015.

Clarissa Pinkola Estès, *Die Wolfsfrau. Die Kraft der weiblichen Urinstinkte*, München1997.

Jamie Sams, *Dancing the Dream. The Seven Sacred Paths of Human Transformation*, HarperOne 1999.

Jamie Sams, *The Thirteen Original Clan Mothers. Your Sacred Path to Discovering the Gifts, Talents, and Abilities of the Feminin*, HarperOne 1994.

Starhawk, *Dreaming the Dark. Magic, Sex, and Politics*, Beacon Press 1997.

WEITERFÜHRENDE LINKS

○ Seiten der Autorinnen

La Tisanière Tatouée:
www.latisanieretatouee.wordpress.com
Instagram: @latisanieretatouee

VicOh:
www.vic-oh.com
Instagram: @ohvicoh

DANKSAGUNG

Mein Dank geht an meine Linie, an Mina und Prudence,
meine Hüterinnen der bedingungslosen Liebe.
An meinen Stern Y.
An M.
An meine Ratgeberinnen.
An meine Liebe.
An Victoria, meine Mond- und Feuerschwester.
An Suyapa und Lama, meine Hüterinnen des Wortes.
An Marie, meine Druidin, die im Licht und Schatten bei mir ist.
An Camille Sfez, die mich auf dem Weg zur heiligen
Weiblichkeit begleitet.
An Hélène (@taro-energie), meine gute Priesterin, für ihr Kartenritual
der zwölf ersten Tage des Jahres.
An alle Hexen.
Und natürlich an den Mond und die Erdenmutter.

STÉPHANIE LAFRANQUE

○

Für alle Frauen, die mir den Weg weisen:
Angefangen mit jenen, die mich instruiert und inspiriert haben –
Irène, Nila, Cathy und Éléonore –, bis zu jenen, die ich nur über
die surrealistischen Farben Mexikos kenne.
Unendlich dankbar bin ich Stéphanie, meiner wiedergefundenen
Ahnin, die mir ein ganzes Universum zum Entdecken gegeben hat;
genauso wie Suyapa, für ihr grenzenloses Vertrauen in mein Werk.
Ich danke Emiliano, der mich den spirituellen und kosmischen
Welten geöffnet hat.
MCB, MD, JD – danke, dass Ihr mir eine eigene Welt ermöglicht,
in der ich malen und dem Mond nahe sein kann.
Danke allen Magiern und Hexen, die mich umgeben.

VIC OH

Die französische Originalausgabe erschien 2019 unter dem Titel
»Gardiennes de la lune, Vers la voie du féminin sauvage«
bei Editions Solar, ein Imprint von Edi8, Paris, Frankreich

FSC
www.fsc.org
MIX
Aus verantwortungsvollen Quellen
FSC® C011124

Verlagsgruppe Random House FSC® N001967

1. Auflage
Deutsche Erstausgabe

Lektorat: Werner Wahls
Umschlaggestaltung: ki 36, Editorial Design, München
Satz: Satzwerk Huber, Germering
Druck und Bindung: Mohn Media, Mohndruck GmbH, Gütersloh
Printed in Germany
ISBN 978-3-424-63195-1
www.kailash-verlag.de

Besuchen Sie den Kailash Verlag im Netz